Lazarus Geiger

Zur Entwicklungsgeschichte der Menschheit

Lazarus Geiger

Zur Entwicklungsgeschichte der Menschheit

ISBN/EAN: 9783741128981

Hergestellt in Europa, USA, Kanada, Australien, Japan

Cover: Foto ©ninafisch / pixelio.de

Manufactured and distributed by brebook publishing software (www.brebook.com)

Lazarus Geiger

Zur Entwicklungsgeschichte der Menschheit

Entwickelungsgeschichte der Menschheit.

Vorträge

von

L. Geiger,
Verfasser von „Ursprung und Entwickelung der menschlichen Sprache
und Vernunft."

Stuttgart.
Verlag der J. G. Cotta'schen Buchhandlung.
1871.

Vorwort.

Indem ich die nachfolgenden Vorträge und Abhandlungen meines verstorbenen Bruders dem Drucke übergebe, bitte ich um Nachsicht, daß ich als Laie die Veröffentlichung wissenschaftlicher Arbeiten gewagt habe. Ich halte es aber für meine Pflicht, der Welt Nichts von den Forschungen des Verfassers vorzuenthalten, und veröffentliche zuerst die vorliegenden Blätter, welche der Dahingeschiedene im Begriffe stand, einer Durchsicht zum Zwecke der Herausgabe zu unterziehen.

Die ersten fünf Abhandlungen sind ein wörtlicher Abdruck der s. Z. gehaltenen und zum Theil bereits im Druck erschienenen Vorträge; nur dem zweiten Vortrage habe ich aus dem Manuscript eine Stelle in Klammern zugefügt, die hinweggelassen worden war, um das den einzelnen Rednern eingeräumte Zeitmaß nicht zu überschreiten. Der letzte Aufsatz, im Jahre

1869—70 geschrieben, war für eine wissenschaftliche Zeitschrift bestimmt, und sollte eine Reihe gleichartiger Abhandlungen eröffnen. Das unabläßige Streben nach Verbesserung und Vervollkommnung seiner Arbeiten, welches den Verfasser stets auszeichnete, hielt ihn von der Absendung dieses Aufsatzes zurück, an welchen die letzte Feile zu legen ihm nicht mehr vergönnt war.

Frankfurt a. M., im Juni 1871.

Alfred Geiger.

Inhalt.

		Seite
I.	Die Sprache und ihre Bedeutung für die Entwickelungsgeschichte der Menschheit	1
II.	Die Urgeschichte der Menschheit im Lichte der Sprache. Mit besonderer Beziehung auf die Entstehung des Werkzeugs	20
III.	Ueber den Farbensinn der Urzeit und seine Entwickelung .	45
IV.	Ueber die Entstehung der Schrift	61
V.	Die Entdeckung des Feuers	86
VI.	Ueber den Ursitz der Indogermanen	118

I.

Die Sprache und ihre Bedeutung
für die Entwickelungsgeschichte der Menschheit.

Vortrag gehalten am 7. December 1859 im kaufmännischen Verein zu Frankfurt a. M.

In dem rastlosen Streben der Wissenschaft unserer Tage tritt immer stärker eine Erscheinung hervor, die ihr vielleicht mehr als alles Andere eine menschlich edle Weihe und Bedeutung gibt: es ist die Durchdringung des Praktischen und des Idealen. Die Zeit ist noch nicht lange hinter uns, wo die praktische und die wissenschaftliche Arbeit einander fremd und isolirt gegenüberstanden. Auf der einen Seite die große Masse des mühselig arbeitenden Volkes, welches seine eigene Thätigkeit nicht zu achten verstand und beinahe sich derselben schämte. Daneben eine auf einen Stand eingeschränkte, oft unfruchtbare Gelehrsamkeit; selten ein einsamer unbegriffener Denker, der sich sorgfältig vor seinen Zeitgenossen versteckte, weil errathen zu werden fast gleichbedeutend war mit Bann und Tod. Wie anders ist es heute geworden, wo die materielle Arbeit einen höheren Lohn als den Erwerb allein in dem erhebenden Bewußtsein findet, an dem großen emsig aufgeführten Werke des Gesammtglückes der Menschheit mitgeschaffen zu haben, und wo die Wissenschaft sich unter warme,

fühlende Herzen begibt, um an ihrem Bedürfen und Hoffen
Antheil zu nehmen und auch wohl sie in jene Höhen mit
sich emporzuführen, aus denen sie herabgeflogen ist.

Die Chemie belehrt uns heute über die Luft, die wir
athmen, die Nahrungsmittel, die wir wählen sollen; sie beherrscht die Bestellung des Bodens wie die Verfertigung vieler
Tausende von Gegenständen der Kunst und des Gewerbfleißes;
aber sie führt uns auch zugleich in die Tiefe der geheimnißvollen Natur der Dinge. Indem sie einen scheinbar einför-
migen Körper vor unsern Augen in verschiedenartige unsicht-
bare Bestandtheile auflöst, zerreißt sie den Schleier des
Scheines und der Täuschung, lehrt uns an der Evidenz
unserer Sinne zweifeln und zugleich das ewige Wechseln und
Werden in der Natur kennen und begreifen. Die Physik,
die dem Menschen seine Maschinen baut und ihm die Riesen-
kräfte der Wärme und Electricität dienstbar macht, tritt zugleich auch mit der großen Frage vor ihn: was ist Electricität, was ist Licht, Schall, Wärme? und läßt ihn eine
Urkraft ahnen, die sich gleichsam in alle diese Erscheinungen
verkleidet, bald als Schall, bald als Wärme austritt, und
endlich auch in mechanische Kraft, einen Druck, einen Stoß
verwandelt werden kann. Und ebenso ist das Studium der
Sprachen neben seinen uns Allen bekannten praktischen Zwecken
in unserer Zeit zu einer unvergleichlichen philosophischen Bedeutung gelangt, indem es für eine Seite der Welt und des
Daseins einen Schlüssel bietet, zu welcher die Naturwissenschaft nicht zu bringen vermocht hätte, und uns Aufschluß
gibt über das, was wir sind und was wir gewesen sind,
über unsere Vernunft und unsere Geschichte.

Der erste, alltägliche Zweck, der uns zum Sprachenlernen

veranlassen mag, hat zunächst etwas rein Praktisches. Wir wollen uns vielleicht in den Straßen einer fremden Stadt zurechtfinden, oder mit zu uns gekommenen Fremden in Verkehr treten lernen. Aber so gewöhnlich eine solche Fertigkeit uns ist, so berühren wir doch damit schon, ohne es immer zu bedenken, ein wunderbares Gebiet. Wir befinden uns einem Wesen gegenüber, das denkt wie wir, aber mit seiner Ausdrucksweise von Natur in einen anderen Kreis gebannt zu sein scheint. Das Seltsame, Verwunderliche dieser Erscheinung fühlt Jedermann, der zum erstenmale ein fremdländisches Kind seine Muttersprache sprechen hört, oder im Auslande sich von lauter fremdredenden Menschen umgeben sieht. Die Sprache scheint uns doch so natürlich und menschlich zu sein, und es scheint sich dabei so ganz von selbst zu ergeben, daß was wir sagen, auch sogleich verstanden werde; und nun auf einmal stehen wir vor einer Schranke zwischen Mensch und Mensch, unendlich viel kleiner aber doch ähnlich der zwischen Mensch und Thier, welche sich ebenfalls von Natur nicht verstehen, aber freilich sich auch durch Kunst nur sehr mangelhaft verstehen lernen können. Die erste Entdeckung eines Volkes mit fremder Sprache muß eine gewaltige Ueberraschung hervorgerufen haben; mindestens ebensosehr wie der erste Anblick von Menschen verschiedener Hautfarbe. Wir überschreiten daher, wenn wir eine fremde Sprache sprechen, recht eigentlich eine von der Natur selbst gesetzte Schranke, und wie der Ocean, der nach den Worten des römischen Dichters zu einer Trennung für die Völker geschaffen war, durch die Schifffahrt in eine ungeheuere Verbindungsstraße umgewandelt worden ist, so wirken wir durch das Studium lebender Sprachen darauf hin, daß aus den von Natur vereinzelten Völkergruppen ein

Menschenverein entstehe. Beim Lesen edler Schriftsteller einer fremden Sprache fühlen wir eine Art von Befreiung aus der engen Grenze der Nationalität; neue Gedankenkreise, neue Anschauungen werden mit jeder neu erschlossenen Literatur vor uns lebendig; die eigenthümlichen Formen, in welche ein jedes Volk seine Ahnungen, seine Liebe, sein wissenschaftliches Denken, seine politische Hoffnung und Begeisterung kleidet, bereichern uns; dieses alles wird unser; wir werden dieses alles. Und wie ganz anders noch, wenn wir uns nicht begnügen, bloß die räumliche Grenze zu überschreiten, die ein Berg oder ein Strom oder ein zufälliger Umstand der Wanderung und Verbreitung der Ahnen unserer Nation gesetzt hat, sondern wenn wir in der Sprache auch ein Mittel finden, in die Nacht der Zeiten vorzudringen, und uns in die vergangenen Jahrtausende zu begeben, um mit den Geistern zu verkehren, die damals gewesen sind! Es ist nichts Geringes, sich zu sagen: diese Worte, die du eben liesest, der Klang, den du mit deinen Lippen eben wieder neu belebest, sie sind dieselben, mit denen einst Demosthenes seine von Verrath umgarnte Vaterstadt zur Freiheit aufgerufen, dieselben, in welche Plato seine und seines Meisters weihevolle Lehre faßte! Am Nilstrome, auf der thebanischen Ebene thront eine Riesenbildsäule des Königs Amenophis, die sechzig Fuß hohe sogenannte Memnonssäule; zur Zeit der römischen Herrschaft wurde in dieser Statue täglich beim Aufgange der Sonne ein musikalischer Klang gehört; alle Welt wallfahrtete nach dem Wunderbilde, Männer und Frauen hinterließen durch Jahrhunderte ihre Namenszüge und bewundernde Lobgedichte auf dem gigantischen Denkmal, und daß sie seine Riesengestalt geschaut und seinen göttlichen Gesang vernommen haben.

Homer gleicht einem solchen Memnonsbilde; wenn Alle, welche seit Jahrtausenden zu diesem Wunderdenkmale griechischer Vorzeit gewallfahrtet sind, um die Klänge der Morgenröthe europäischer Poesie zu vernehmen, uns zu seinen Füßen ihre Namen hätten hinterlassen können: welch ein Verzeichniß!

Allein, so unberechenbar groß die Wirkung ist, die die Schätze der alten Literaturen ausgeübt haben und immer noch ausüben, wobei sie zugleich als ein erhebendes Zeugniß dastehen für die Unsterblichkeit menschlicher Geistesschöpfungen selbst über das Leben einer Sprache hinaus: so bieten sie doch noch eine andere Seite, welche das Gemüth wo nicht lebhafter, so doch jedenfalls tiefer zu erregen geeignet ist. Unendlich Vieles, was uns anregt und belehrt, sagen uns die Schriftsteller der Vergangenheit ebenso wie ihren Volksgenossen, denen sie es zu sagen beabsichtigt hatten; aber sie verrathen uns dabei noch etwas Anderes, was sie gar nicht beabsichtigen konnten. Unwillkürlich geben sie durch eine zufällige Schilderung, durch ein entschlüpftes Wort, das für sie überflüssig war, aber für uns unschätzbar ist, ein Bild aus dem Leben ihrer Zeit; und was aus der sorgfältigen Sammlung aller dieser kleinen Züge sich ergibt, das ist die Lehre, daß das menschliche Denken und Wollen seit den frühesten Zeiten, aus denen eine Kunde uns noch erreicht, in einer ungeheuren Umwandlung begriffen ist. Demnach sind uns die Schriften der alten Zeit nicht mehr bloß schriftstellerische Erzeugnisse, die wir genießen, und um so besser genießen, je näher sie uns stehen, je mehr sie uns geistesverwandt sind, sondern sie sind Denkmäler, die wir studiren, und nach denen wir gerade mit um so größerer Begierde greifen, je älter und fremdartiger sie sind. Das Bewußtsein von der Bedeu-

tung der Literatur in diesem Sinne ist von sehr jungem
Alter, ja ich möchte sagen, es ist selbst heutzutage noch nicht
hinlänglich ausgebildet. Alterthumsstudien sind zwar schon seit
dem Wiederaufblühen der Wissenschaften beim Beginne der neuen
Zeit im Gange; aber der Zweck derselben war nicht, aus den
Berichten der Schriftsteller ein Bild der damaligen Menschheit
zu gewinnen, sondern umgekehrt nur, diejenige Kenntniß der
Zustände des Alterthums zu gewinnen, welche nothwendig
war, um die Schriftsteller zu verstehen. Noch im vorigen Jahrhundert legte man an Homer ganz den schriftstellerischen Maßstab an. Man stellte ihn etwa mit Tasso oder Milton ebenso
zusammen, wie wir wohl Shakespeare und Schiller zusammen nennen können. Da trat F. A. Wolf mit der Frage
hervor, ob denn Homer schon etwas von Schreibekunst gewußt, ob er namentlich selbst geschrieben habe? Und da er
dies verneinte, so folgerte er, daß so große Gedichte unmöglich von einem Einzigen bloß aus dem Gedächtniß geschaffen
werden konnten; er suchte nachzuweisen, daß wir in ihnen
das Werk vieler einzelnen Sänger vor uns haben, die einzelne kürzere Stücke erfanden und zur Cither vortrugen, wie
die im Homer selbst erwähnten Sänger es thun. Allerdings
ist hiermit die richtige Lösung nicht gefunden, und die Frage
nach der Entstehung der homerischen Gedichte wird auch jetzt
noch immer wieder hin und her geworfen; aber unbezweifelt
ist, daß der Gedankeninhalt dieser Gedichte unmöglich einem
einzigen Haupte entsprungen sein kann. Der trojanische
Krieg ist nicht eine wahre vom Dichter ausgeschmückte
Geschichte, noch weniger dessen Erfindung; er ist vielmehr
mit allen seinen Einzelheiten ein uralter Volksglaube, weit
älter als irgend eine Zeile eines bestehenden Heldengedichtes.

Achilleus, Odysseus sind nicht erfundene poetische Figuren, sondern halbgöttliche Gestalten aus dem Glaubenskreise der griechischen Urzeit; und die Mythologie, weit entfernt von den Dichtern zur Ausschmückung ihrer Poesie gemacht zu sein, ist vielmehr mit allen ihren Seltsamkeiten jener Urzeit heilige Ueberzeugung. Die Erzählungen von der von Zeus im Zorne geschlagenen und in den Wolken aufgehängten Hera, von Hephästos der seiner Mutter zu Hülfe kommen will, aber von Zeus beim Beine gefaßt und auf die Erde hinabgeworfen wird, wo er in Lemnos niederfiel und halbtodt aufgehoben wurde, bildeten im Zeitalter Voltaire's den Gegenstand spöttelnder Recensionen; es waren ihm geschmacklose Phantasien, die sich ein gebildeter Dichter am Hofe Ludwig's XIV. gewiß nicht erlaubt hätte. Aber es ist kein Zweifel, daß wer immer der Homer dieser und ähnlicher Verse war, er an die Wahrheit solcher und ähnlicher Legenden innigst glaubte. Sie waren ihm und seinen Hörern heilig, sie waren schon damals alt und unverstanden; sie bergen irgend einen tiefen geheimen Sinn; wie und wann mögen sie wohl entstanden sein? Hier eröffnet sich vor unsern Blicken das Räthsel der Mythenbildung, der Glaubensschöpfung, für welches die Lösung kaum erst begonnen hat.

Während sich so hinter einem Buche, das Tausende lasen und zu verstehen glaubten, ein ungeahnter Hintergrund aufthat, hat das gegenwärtige Jahrhundert auch noch ein ferneres Alterthum aus seinem Grabe auferweckt, und überhaupt für die Erforschung der Vorzeit einen neuen Stoff gewonnen, der schon allein durch seinen Umfang Staunen erregen muß, und wovon unsere Vorfahren sich sowenig als von den großen technischen Erfindungen der Gegenwart etwas träumen ließen.

Wir kennen jetzt Denkmäler und Schriftwerke, gegen die alles was ehedem für das Aeußerste von Alterthümlichkeit galt, Homer und die Bibel mit eingeschlossen, fast als modern erscheint. Die Expedition der Franzosen unter Bonaparte nach Aegypten hatte für die europäische Wissenschaft eine Bedeutung ähnlich der Alexander's nach dem Orient, sie gab Veranlassung zur Erforschung und Darstellung der altägyptischen Monumente, zugleich auch zur Auffindung jenes ewig denkwürdigen Steines von Rosette, der in einer ägyptisch und griechisch abgefaßten Inschrift die Eigennamen enthielt, die zur Entzifferung der Hieroglyphen führten. Zwei Entdeckungen waren es, die zu diesem großen Resultate zusammenwirken mußten. Die eine, schon früher gemacht, war, daß die Sprache der alten Aegypter im Wesentlichen die noch in der Kirchenliteratur der ägyptischen Christen erhaltene koptische gewesen; die andere Entdeckung ist die Champollion's, daß die Hieroglyphen eine Lautschrift, zum Theil sogar eine Buchstabenschrift waren. Jene wunderbaren Bilder, unter denen man solange verworrene, symbolische Priestergeheimnisse gesucht hatte, sie ergaben sich als eine dereinst dem ganzen Volke zugängliche und verständliche Schrift. Nicht immer tiefe Weisheit war es, die hinter dieser Bilderschrift verborgen war; es stand auch wohl einmal über einem Bilde, das Ochsen darstellte, nichts anderes als: das sind Ochsen. Champollion las und übersetzte unzählige Inschriften, er verfaßte eine Grammatik und ein Wörterbuch der Hieroglyphen und schon in dem ersten seiner an Form und Inhalt gleich meisterhaften Werke theilte er die Entzifferung einer Menge von Namen römischer, griechischer und nationaler Herrscher Aegyptens mit, aus denen eine ganze Reichsgeschichte bis in eine unglaubliche Vorzeit hinein aufzubämmern begann. Da kamen, aus Hieroglyphen zusammengesetzt, die Namen Alexandros, Philippos, Berenike, Kleopatra, Tiberius, Claubius, Nero, Vespasianus, Titus, Domitianus, Nerva, Trojanus, Hadrianus, Antoninus, Diocletianus zum Vorschein, ferner Xerxes und Darius, Psammetich, Schischauk und Ramesses, und allmählich ist aus Pyramiden und Felsengrüften, aus Tempel- und Palastwänden die ganze lange Namenliste wieder zusammengefunden und identificirt worden, wie sie uns Manetho, ein Priester aus der Zeit des Ptolemäus Philadelphos, aufbewahrt hat, eine Liste von dreißig Dynastien, in deren sechzehnte der erste in der Bibel erwähnte Pharao, der Zeitgenosse Abraham's, frühestens fällt. Die 331 Königsnamen, die die ägyptischen Priester dem Herodot aus einem Papyrus aufzählten, die 346 colossalen Holzbilder thebanischer Oberpriester, die sie ihm zeigten, wie sie von Vater auf Sohn einander gefolgt seien, lauter Menschen und Söhne von Menschen, ohne einen einzigen Gott oder Halbgott, sie sind uns keine Fabeln mehr. Die Pharaonen alle sind aus ihren Gräbern gekommen, dazu die zahllosen farbenfrischen Bilder eines ganzen reichen Volkslebens, alle Stände, alle Thätigkeiten mit wunderbarer Treue aufbewahrt, häusliche Scenen von rührender Wahrheit und Einfalt, drei und vier Jahrtausende alt! Nicht unbeträchtliche Literaturreste sind ebenfalls gefunden worden, Actenstücke aus dem täglichen Leben, historische Aufzeichnungen und Poesien, und von den heiligen Büchern besonders das sogenannte Todtenbuch, an welches sich schon die Kritik gewagt und einen älteren Kern von jüngeren Commentaren zu sondern versucht hat. —

Bei weitem nicht so wichtig, aber interessant als Lösung einer fast unmöglich scheinenden Aufgabe ist die Entzifferung der persischen Keilschrift. Auf einer schroffen, etwa 1500 Fuß hohen Felswand bei Bisitun im alten Medien fand sich in unzugänglicher Höhe das buntbemalte Reliefbild eines Königs, der, von seinen Trabanten begleitet, Gericht über seine besiegten Feinde hält. Einer ist niedergeworfen, und der König setzt den Fuß auf seinen Körper; neun andere stehen gefesselt vor ihm. Rings um diese Bilder stehen nicht weniger als tausend Zeilen keilförmiger Schriftzeichen. Aehnliche Zeichen fanden sich auf den Felsen von Nakhsch in Ruslan, auf den Trümmern von Persepolis und anderwärts, aber weder die Schrift noch die Sprache der Inschriften war bekannt; ja nicht einmal der ungefähre Inhalt; wie hätte man hoffen dürfen, sie jemals zu lesen! Und dennoch ist es so vollständig gelungen, daß wir die persischen Inschriften heute mit beinahe derselben Sicherheit wie lateinische lesen können. Die ersten entscheidenden Schritte dazu wurden hier in Frankfurt gemacht. Professor Grotefend, seit 1803 Prorector des hiesigen Gymnasiums, erkannte an einigen kürzeren Inschriften, von denen ihm Abbildungen zu Gebote standen, mit genialem Scharfblick die Stellen, wo Königsnamen zu erwarten waren, und mit einer seltenen Combinationsgabe fand er durch Vergleichung der uns bekannten persischen Herrschernamen nach ihrer Lautgestalt und dem Verwandtschaftsverhältniß der sie tragenden Könige die Namen Xerxes und Darius; Darius nannte sich in einer Inschrift Sohn des Hystaspes; auch dies erkannte Grotefend und zwar daran, daß bei dem letzteren der Geschichte entsprechend der Titel König fehlte. Er hatte in der persischen Keilschrift sogleich eine Buchstabenschrift geſehen; aus den entzifferten Namen erſchloß er einen Theil des Alphabets und verſuchte ganze Inſchriften zu leſen. Es dauerte jedoch noch mehr als dreißig Jahre, bis es Profeſſor Laſſen gelang, ein im Weſentlichen vollſtändiges Alphabet zu finden, und da mittlerweile die Sprachwiſſenſchaft wichtige Fortſchritte gemacht hatte, und Sprachen näher bekannt geworden waren, die mit dem Altperſiſchen eine große Verwandtſchaft haben, die Inſchriften wirklich zu entziffern und zu überſetzen. Jetzt leſen wir auf dem Denkmale von Biſitun eine ganze Regierungsgeſchichte des Darius mit ſeinen eigenen Worten. Der Mann, auf welchen der mit dem Bogen bewaffnete König ſeinen Fuß ſetzt, iſt der aus Herodot bekannte falſche Smerdis, perſiſch Barthija. Die Inſchrift, welche unter ſeinem Bilde zu leſen iſt, ſagt: „das iſt Gumata, der Magier; er hat betrogen; ſo hat er geſagt: ich bin Barthija des Karuſch Sohn. Ich bin König." —

Auf den Stätten, wo einſt Ninive und Babylon geſtanden, ſind bekanntlich in der neueſten Zeit zwiſchen Trümmern von Paläſten und impoſanten Sculpturarbeiten ebenfalls zahlreiche Inſchriften, namentlich mit Keilſchrift verſehene Thonziegel und Cylinder aus den ungeheuren Schutthügeln hervorgezogen worden, die als einzige düſtere Ueberreſte der aſſyriſch-babyloniſchen Herrlichkeit und Weltherrſchaft zurückgeblieben ſind.

Auch hier galt es, nicht nur einen unbekannten Inhalt, der in unbekannter Schrift geſchrieben war, zu entziffern, ſondern es war aufs Neue eine Sprache, ja mehrere Sprachen, von deren Exiſtenz man zum Theil nichts gewußt hatte, erſt zu entdecken. Zum Glücke findet ſich die aſſyriſche Sprache auch auf perſiſchen Denkmälern; auf mehreren derſelben ſteht ein und dieselbe Inschrift in persischer und assyrischer Sprache neben einander, und nachdem der persische Text einmal entziffert war, bot er daher zur Entzifferung auch des Assyrischen eine Handhabe.

Um die Wirkung zu würdigen, welche das Auftauchen aller dieser neuen und doch uralten Wunder auf die Anschauung unserer Zeit üben mußte, brauchen wir uns nur den Eindruck zu vergegenwärtigen, den eine Ruine, die auch nur wenige Jahrhunderte alt ist, oder die Ausgrabung einer alten Münze, eines Geräthes oder sogar eines ganz rohen Steines macht, der aber vor langer Zeit durch Menschenhände gegangen ist und noch Spuren davon aufweist. In die Neugier nach dem noch nie Gesehenen, in die Lust und Begierde, von dem Reiche der Vergangenheit den Schleier zu lüften, um wenigstens einen Blick zu werfen in das auf ewig Hinübergegangene, mischt sich ein Gefühl der Ehrfurcht, der Andacht. Wie eigenthümlich berührt uns doch das Geringste, was aus den verschütteten Straßen von Herculanum und Pompeji zu Tage gefördert wird; wie viele Erinnerungen werden damit wachgerufen! Ist es aber nun gar ein unbekanntes fremdes Alterthum, das plötzlich wieder vor uns zu leben und sich zu regen beginnt, so fühlt Jedermann etwas Aehnliches wie bei dem Anblick der seltsamen geschwundenen Thiergestalten der Vorwelt, der Ichthyosauren und Mastodonten. Der Blick schweift ahnend in ungemessene Schöpfungsfernen, und es beginnt jenes große Geheimniß dunkel sich unserer Brust zu verkünden, das Geheimniß unserer Entwickelung. —

Und dennoch waren es nicht die unter dem Boden aufgefundenen Schätze, die zur Aufhellung dieses Geheimnisses am Meisten beizutragen bestimmt waren.

Die Auffindung, man kann sagen die Entdeckung zweier Literaturen, die zwar abgestorben waren, aber doch nicht in anderem Sinne als die lateinische oder hebräische, die nämlich noch in dem Studium und der Verehrung lebender Völker fortbestanden, diese Entdeckung mit ihren Folgen war eigentlich epochemachend für die Anschauung Europa's von der menschlichen Vergangenheit. Beide Literaturen wurden in Indien aufgefunden. Die Zendliteratur, die heiligen Schriften der alten Perser, dem Zoroaster zugeschrieben, hatten die Parsen, die der alten Religion treu blieben, vor den Muhamedanern aus ihrem Vaterlande flüchtend, mit nach Indien genommen; die Sanskritliteratur ist die heilige nationale Literatur der brahmanischen Inder selbst. In das erste Verdienst, diese Schätze, von denen bis um die Mitte des vorigen Jahrhunderts kein europäischer Gelehrter eine Ahnung hatte, aufgesucht und verbreitet zu haben, theilen sich die beiden damals um den Besitz Indiens kämpfenden Nationen der Engländer und Franzosen. Die Kenntniß der Zendschriften verdanken wir vor Allem der französischen, die des Sanskrit der englischen Wissenschaft; dagegen ist die vollkommenste Bearbeitung beider und namentlich ihre Benutzung zu großen sprachlichen Folgerungen ganz vorwiegend in deutschen Händen. Wie Columbus das Westland, so suchte Anquetil du Perron vom Jahre 1754 an, von einem unwiderstehlichen Zuge getrieben, der ihn alle Zweifel niederschlagen und alle Schwierigkeiten überwinden ließ, die vielberühmten Schriften Zoroaster's bei den Parsenpriestern in Indien auf und verwendete sein Leben auf ihre Uebersetzung und Erklärung. Nichts zeigt schlagender den Gegensatz, in dem wir uns gegen jene Zeit befinden, als die Enttäuschung, die die mit so vieler Aufopferung erbeuteten Schriften in Europa damals hervorriefen. Von der Weisheit, die ein so großer Name erwarten ließ, enthielten sie wenig. Wohl aber offenbarte in ihnen der Gott Ahuramajda zuweilen Dinge, die in ihrer kindlichen Naivität nur Lächeln erwecken können; so besonders die bekannten Stellen, die sich auf den Hund, das heilige Thier der Perser, beziehen, in denen die Art seiner Verpflegung, seine Bestrafung wenn er beißt, sein Charakter, seine Heilung, wenn er krank oder nicht recht bei Verstande ist, und wie man zu verfahren habe, wenn er die Arzenei nicht willig nimmt, mit frierlichem Ernste besprochen wird.

Doch die Frage, wie die Phantasie der Völker beschaffen, von welchen Motiven sie beherrscht gewesen sein muß, als die Perser die Hunde mit so ängstlicher Sorgfalt pflegten, die Aegypter den heiligen einbalsamirten Leichen des Apis zu Memphis Grüfte bauten, die 64 Generationen derselben bergen, ist uns so wichtig, daß wir weise Lehren, an denen es uns ja sonst kaum fehlt, wenn wir sie nur hören wollen, aus jenen Tagen gern entbehren. Es erinnert dies an eine von Max Müller mitgetheilte Notiz, den für uns wichtigsten Theil der Sanskritliteratur, die Vedaschriften, betreffend. Als ein talentvoller junger Deutscher, der in jugendlichem Alter verstorbene Rosen, in der reichen Bibliothek der ostindischen Gesellschaft in London damit beschäftigt war, die vedischen Lieder zu copiren, mit deren Herausgabe er im Jahr 1838 begann, so konnte der damals in London anwesende aufgeklärte Brahmane Ramahan Rai sich über dieses Unternehmen nicht genug verwundern; die Upanischad, meinte er, seien das Wichtige, welches die Veröffentlichung viel eher verdiene. Diese jüngsten Stücke der Veden enthalten nämlich eine mystische Philosophie, worin sich eine Art von Monotheismus oder Pantheismus finden läßt, welche dem indischen Aufklärer, wie so manchen anderen, das Nonplusultra aller religiösen Weisheit zu sein schien. Aber die uralten Vedahymnen, ganz heidnisch, naiv und oft barock, deren sich der modern gebildete Inder wohl heimlich schämen mochte, in denen aber die Jugend der Menschheit mit entzückender Frische weht, sie sind für uns das wahre Kleinod der indischen Literatur; sie enthalten kein noch für uns brauchbares religiöses System, aber sie sind gleichsam ein Lehrbuch der menschlichen Religionsgeschichte selbst.

Das Bekanntwerden der Sanskritsprache an und für sich, abgesehen von den darin vorhandenen Geistesproducten, war übrigens vielleicht von noch bedeutenderer Wirkung. Diese Sprache zeigte sich nämlich, trotz der großen räumlichen Entfernung, mit unsern europäischen durchaus verwandt. Man fand darin die Worte pitar Vater, mâtar Mutter, bhrâtar Bruder, svasar Schwester, sunu Sohn, duhitar Tochter; man fand Thiernamen wie go die Kuh, hansa die Gans; und Zahlwörter wie dvau 2, trajah 3, shat 6, aschtau 8, nava 9. Dies ist ein ganz anderes Verhältniß, als wenn wir z. B. das Wort Onkel aus dem Französischen entlehnen. Das Sanskrit hat mit dem Deutschen nicht bloß einzelne Wörter, sondern auch die Abwandlung gemein; z. B. asti ist, santi sind. Wenn wir dagegen aus dem Französischen auch marschiren entlehnen, so sagen wir doch mit der deutschen Endung ich marschire, du marschirst. Wenn man aus einer Sprache auch alle Fremdwörter entfernt, so werden zwar die Wörter weniger, aber es bleibt immer noch eine vollständige Sprache übrig. Verwandte

Sprachen haben dagegen soviel mit einander gemeinsam, daß wenn man alles Gemeinsame entfernen wollte, gar nichts Ganzes mehr übrig bleiben würde. Das Französische ist z. B. mit dem Italienischen nahe verwandt, und wir sehen hier ganz deutlich, warum beide Sprachen aufhören müßten zu existiren, wenn sie sich aller Wörter und Formen enthalten sollten, die sie mit einander gemein haben. Das Französische war nämlich nicht etwa eine fertige Sprache, welche italienische Worte erborgte, wie das Deutsche, da es das Wort Duket aufnahm; sondern die Ursache der Aehnlichkeit besteht darin, daß französisch und italienisch aus dem Lateinischen stammen, also einmal eine einzige Sprache bildeten, nämlich eben das Lateinische. Geradeso muß es sich nun mit dem Sanskrit und dem Deutschen verhalten; beide müssen dereinst Eine Sprache gebildet haben, nur ist diese eine Sprache, von der Deutsch und Sanskrit fast Töchtersprachen zu nennen sind, wie Französisch und Italienisch vom Lateinischen, nicht mehr vorhanden. Wir wissen, daß es ein Volk gegeben hat, das das Lateinische sprach, die Römer. Es muß auch ein Volk gegeben haben, das die Ursprache redete, woraus Deutsch und Sanskrit geflossen sind, ein Volk, das existirte zu einer Zeit, wo es weder Deutsche noch Inder gab. Es ist aber nicht bloß das Deutsche mit dem Sanskrit verwandt, sondern auch das Lateinische, Griechische, Russische und überhaupt Slavische, ferner das Celtische und in Asien das Armenische und Persische mit manchen Nebenzweigen. Die Ahnen aller Völker, die diese Sprache sprechen, müssen daher mit den Ahnen der Deutschen und Inder ein Volk ausgemacht haben, und die Sprachwissenschaft muß also ein Urvolk aufstellen, das weit älter als alles ist, was wir von europäischer Geschichte wissen. Wo dasselbe gewohnt hat, ist noch nicht festgestellt, noch weniger die Zeit, wo wir es noch vereinigt zu denken haben. Dagegen bietet die Sprache merkwürdige Haltpunkte, um über seinen Culturzustand Einiges zu ermitteln.

Die gemeinsame Ursprache kann nämlich offenbar nur für solche Gegenstände Worte gehabt haben, die das Volk kannte, das sie sprach. Wenn also z. B. Schiff im Sanskrit wie im Griechischen naus, im Lateinischen navis heißt, ein Wort, das mit unserem Nauе und Nachen verwandt ist, so muß das indogermanische Urvolk das Schiff gekannt haben. Es findet sich ebenso auch ein gemeinsames Wort für Ruder, aber keines für Segel. Der Wagen muß jenem Volke ebenfalls bekannt gewesen sein; von Waffen kannte es das Schwert, aber schwerlich den Bogen. Aller Wahrscheinlichkeit nach hatte es mit den wilden Eingeborenen Amerika's und Australiens die Sitte gemein, sich zu bemalen und zu tätowiren. Unser Wort Zeichen hängt nicht nur mit zeichnen zusammen, sondern auch mit dem griechischen στίγμα und stigmatisiren, d. i. tätowiren. Das erste Zeichen wie die erste Zeichnung waren diejenigen, die in die Haut tätowirt wurden.

Wir haben hier ein Beispiel von der Anwendung der Worte zu Schlüssen auf die menschliche Sittengeschichte. Ein Wort, das wir jetzt gebrauchen, das aber in einer früheren Zeit entstanden ist, läßt uns sehr oft etwas über den früheren Zustand der Sache, die es bezeichnet, errathen. Wenn wir z. B. nicht wüßten, welches Schreibmaterial unserer Stahlfeder vorausgegangen ist, so würde das Wort Feder uns vielleicht darauf führen, daß 'es einem Vogel entnommen gewesen sei. Solche Schlüsse führen in der That weit, sehr weit zurück. Wenn wir sie nicht auf einen einzigen Sprachstamm beschränken, sondern möglichst Alles aufsuchen, was von solchen Andeutungen in den Sprachen der ganzen Erde aufbehalten ist, so ergeben sich Resultate, die für die menschliche Urzeit von der höchsten Wichtigkeit sind. Wir kommen hierbei zuletzt auf einen Zustand, der wenn auch höher als der thierische, doch tiefer steht als irgend ein noch so wildes Volk, von dem die Geschichte uns berichtet. Alle Menschen besitzen Werkzeuge, und haben sie seit Menschengedenken immer besessen, ja dieser Besitz gehört zu den unterscheidenden Merkmalen des Menschen, im Gegensatze gegen das Thier. Nun ist aber in einer Menge von Worten, die Werkzeugthätigkeiten bezeichnen, ein älterer Begriff nachzuweisen, der eine ähnliche, aber mit bloß natürlichen Organen auszuführende Thätigkeit bezeichnet. Was folgt hieraus? Ich glaube, kaum etwas Anderes, als daß wie in neuester Zeit das Schreiben von der Vogelfeder zur metallischen übergegangen ist, wie in der Urzeit das Tätowiren sich in das Zeichnen und Schreiben verwandelt hat, so noch viel früher alles Zerschneiden eine Vorstufe hat in dem Zerreißen; der Mensch war dereinst ohne Werkzeuge und unterschied sich in seiner äußeren Lebensweise wenig vom Thier. Und wie das Aeußere, so zeigt auch das Innere einen gewaltigen Gegensatz. Fassen wir den sittlichen Zustand ins Auge, so dürfen wir der frühesten Urzeit gegenüber nicht bloß fragen, ob der Mensch seitdem besser geworden sei, ob etwa die Leidenschaften sich gemildert, die Verbrechen sich verringert haben. Wir finden vielmehr, und zum Theil noch in einer diesseits der Literatur fallenden Zeit, die Begriffe des Guten und Schlechten sehr wesentlich von den unsrigen verschieden, z. B. Menschenfresserei nicht bloß aus

Begierde oder Roheit verübt, sondern geradezu als eine gute, als eine religiöse Handlung betrachtet. Die Rechtsbegriffe ruhten zur Zeit, wo das indische Gesetzbuch des Manu entstand, noch so sehr auf phantastischer Unterlage, daß z. B. nach demselben ein Mann aus einer niederen Kaste, der ein Mitglied der höheren mit dem Stocke schlägt, die Hand verlieren soll, und den Fuß, wenn er getreten hat; und dem entsprechend wird die Durchbrechung eines Deiches mit Ertränkung bedroht. Diese rein äußerliche Form der Vergeltung, wonach die Gerechtigkeit nicht in dem richtigen Verhältniß zwischen der Strafe und der Schwere des verübten Unrechtes, sondern in einer materiellen Aehnlichkeit zwischen beiden gesucht wird, findet sich auf der niedrigsten Stufe des Rechts bei allen Völkern. Auch das älteste römische und deutsche Recht kennt vieles dergleichen. So findet sich im deutschen Alterthume das Abhauen der Hand als Strafe des Meineids, aus keinem andern Grunde, als weil die Hand beim Eide erhoben wird. Hierher gehört auch die Talion, eine Sache, die schon unter diesem Namen den ältesten Elementen des römischen Rechts, den Gesetzen der zwölf Tafeln, eigen ist. Aber fast überall zeigt sich beim Eintritte der Völker in die Geschichte auch schon der Fortschritt vollzogen, daß unter der Form des Ersatzes, der Ablösung eine neue Praxis sich an die Stelle der uralten Formeln gesetzt und eine veränderte, entwickeltere Rechtsanschauung sich Bahn gebrochen hat. Das hebräische Auge um Auge, Zahn um Zahn ist schon im Alterthum durch entsprechende Geldbuße interpretirt und wahrscheinlich durch die ganze geschichtliche Zeit nicht anders gehandhabt worden. Wenn uns jetzt die Todesstrafe gerade dem Mörder gegenüber am Meisten berechtigt erscheint, so dürfen wir nicht vergessen, daß dies doch ebenfalls nur auf dem Princip einer solchen Vergeltung des Gleichen mit Gleichem, also auf phantastischem Grunde ruht.

Nach den Worten, jenen ältesten vorgeschichtlichen Zeugnissen geprüft, enthalten die sittlichen Begriffe alle etwas sittlich Gleichgültiges. Gerecht z. B. ist nur soviel als recht, richtig; es hängt mit reichen, recken zusammen und bedeutete ursprünglich gerade ausgestreckt. Die Gerechtigkeit ist nun aber etwa nicht bloß dem Geraden verglichen, wie auch wir von Geradheit des Sinnes sprechen; vielmehr ist eigentlich nur der rechte, gerade Weg mit dem Worte gemeint. Treu und wahr sind eigentlich soviel als zuverlässig; noch früher bedeuteten sie bloß fest, befestigt. Böse gebrauchen wir noch heute von dem, was schadhaft ist, und sprechen von bösen Aepfeln, bösen Fingern.

Warum aber hat das Gute und Schlechte nicht seine eigenen Namen in der Sprache, warum werden sie immer von etwas Anderem hergeholt, was früher bezeichnet war? Offenbar weil die Sprache zu einer Zeit entstanden ist, wo ein moralisches Urtheil, eine Erkenntniß des Guten und Bösen, dem Menschen noch gar nicht aufgegangen war.

Und was endlich den intellectuellen Zustand des Menschen betrifft, so muß auch dieser dereinst unglaublich niedrig gewesen sein. So ist es nicht zu bezweifeln, daß das Zählen eine verhältnißmäßig junge Kunst ist; es gibt noch heute Völker, die nicht drei zählen können. Aber was mehr als alles sagt: die Sprache vermindert sich je weiter wir rückwärts blicken in einer Weise, daß wir uns dem Gedanken nicht entziehen können, sie müsse einmal gar nicht vorhanden gewesen sein. Hier berühre ich das schwierige Gebiet des

Zusammenhanges von Sprechen und Denken; und ich kann es in der That heute auch nur berühren. Es ist nur unter der Voraussetzung denkbar, daß der Mensch jemals ganz ohne Sprache gewesen sei, wenn auch der Vorzug der Vernunft, der ihn heute auszeichnet, noch nicht in die Erscheinung getreten war. Von gewissen Begriffen leuchtet die Abhängigkeit von den Worten ganz besonders ein. Eben die Zahlen lassen sich von den Zahlwörtern unmöglich trennen. Die bloße Anschauung gibt kaum noch einen Unterschied zwischen 9 und 10. Ein Kind, das nicht zählen kann, wird nicht merken, wenn man ihm von 10 Kirschen eine oder zwei heimlich genommen hat. Bei größeren Zahlen ist Zählung unbedingt erforderlich; ohne diese wird niemand 100 Gegenstände oder Personen von 99 unterscheiden können. Dem dunkelen Gefühle des Mehr oder Weniger, das hier an die Stelle des Bewußtseins tritt, würde, wenn es uns an Namen für die Eigenschaften gänzlich fehlte, das nicht minder dunkele Gefühl analog sein: das Eine sei anders als das Andere, aber wir würden uns keine Rechenschaft darüber geben können. Wo die Sprache nicht ausreicht, sind wir noch heute in derselben Lage. Wir können uns z. B. keine klare Rechenschaft darüber geben, worin der Unterschied der nationalen Gesichtszüge von Franzosen und Deutschen besteht. Denken wir uns eine Zeit, wo eine bestimmte Bezeichnung für schwarz noch nicht vorhanden war, so wurde der Gegensatz des Negers von dem Weißen damals ohne Zweifel nur ebenso verschwommen aufgefaßt. Wenn es nun ferner eine Zeit gab, wo der Mensch keine solchen Worte hatte, wie Lamm, Hund, Katze, so muß auch die Auffassung der Unterschiede dieser Thierarten eine viel weniger energische gewesen sein. Obwohl ein Hund von einer Katze beträchtlich genug verschieden ist, und wir auch Alle bei dem Worte Hund etwas einigermaßen Bestimmtes gemeinsam denken, so wird es doch einem nicht wissenschaftlich Vorgebildeten äußerst schwer fallen, sogleich die Merkmale anzugeben, woran ein Hund sofort von einer Katze unterschieden werden kann. Er wird, wenn er es versucht, alsbald bemerken, daß er an die besonderen Unterschiede gar nicht gedacht, sondern sich immer nur mit dem dunkelen Eindrucke, den alle Merkmale zusammengenommen hervorbringen, begnügt hatte. Und gerade hier ist es, wo die Entstehung des Wortes eine große Rolle gespielt hat. Wir müssen bedenken, welch einen großen Unterschied in der Auffassung eines Musikstückes die Notenkenntniß ausmacht; wie auch der Nicht=Musikverständige in einer veränderten Melodie zwar die Veränderung bemerkt, aber unklar, ohne zu wissen, worin sie besteht. Nun sind aber die Noten für die Musik, was die Sprache für die Objecte des menschlichen Denkens ist.

Wenn nun nach alledem der Geist des Menschen in jener dunkeln fernen Urzeit, wo die Sprache noch nicht entstanden war, einen unermeßlichen Abstand gegen seine jetzige Höhe zeigt, so werden wir zunächst begierig sein zu erfahren, worin sich derselbe von dem Thiere wohl eigentlich unterschieden haben mag? Umsomehr als ja in diesem Unterschiede der Grund zu finden sein muß, warum der Mensch Sprache und Vernunft entwickelte, das Thier nicht. Diese Frage läßt sich, wie ich glaube, allein aus der Sprache selbst und ihrem frühesten Inhalte beantworten. Ich glaube gefunden zu haben, daß die Sprache ursprünglich und wesentlich nur sichtbare Thätigkeiten bezeichnete. Und dieser Umstand trifft nun auf eine merkwürdige Weise damit zukommen, daß die Thiere, namentlich die Säugethiere, für die sichtbare Welt an sich nur einen sehr beschränkten Sinn haben. Die Thiere sehen im Ganzen dasselbe wie wir; aber sie interessiren sich nur für sehr Weniges. Der Hund erkennt seine Nahrung lediglich am Geruche, so sehr, daß wenn ihm der Geruchsnerv durchschnitten ist, er sie gar nicht zu wählen versteht, sondern die unglaublichsten Mißgriffe macht. Als der Reisende Kohl die Steppen Südrußlands durchfuhr, so zeigte sich am Horizonte die bekannte Erscheinung der Fata Morgana und zauberte in die dürren wasserlosen Räume die täuschende Hoffnung einer erquickenden großen Wasserfläche. Der tatarische Kutscher erklärte die Erscheinung und fügte hinzu, daß die Pferde sich nicht täuschen ließen, denn, sagte er, sie riechen das Wasser. Aehnliches gilt von den Kameelen der arabischen Wüste; sie sind den Enttäuschungen nicht ausgesetzt, die zuweilen der schmachtenden Karavane durch den schmeichelnden Sinn des Gesichtes bereitet werden. Freilich gibt es einzelne Gegenstände, die dem Gesichtssinn der Säugethiere, besonders der fleischfressenden, ein Interesse abgewinnen. Ich habe wenigstens mit Bestimmtheit bemerkt, daß eine Katze sich aufs Angelegentlichste für ziemlich entfernt vorüberfliegende Tauben interessirte, die sie nur vom geschlossenen Fenster aus sehen konnte. Es war dies begreiflicherweise nur ein sehr egoistisches Interesse.

Erst bei dem Affen tritt der Gesichtssinn und das Interesse für das Sichtbare mehr in den Vordergrund. Den Menschen sehen wir auf niedriger Stufe sich noch der Spürkraft bedienen und nach der Witterung prüfen, wo uns ein solcher Sinn gänzlich abgeht. Endlich gelangt der Gesichtssinn mehr und mehr zur höchsten Herrschaft; und das auf diesen wesentlich gerichtete Interesse scheint daher das eigentliche Vorrecht des Menschen zu sein. Wenn es nun nachweisbar wäre, daß die Bedeutung des Gesichtssinns innerhalb der in der Sprache reflectirten Geschichte sich vermehrt, erweitert hätte, so würde dies gleichbedeutend sein mit einer Entwickelung des Menschengeschlechtes vom mehr Thierischen gegen das Menschliche. Und dies eben scheint nachweisbar zu sein. Es geht mit der Vernunft der Gattung im Großen vor sich, was wir in einzelnen Fällen im Kleinen an uns selbst erleben können. Als die Römer zuerst mit den Germanen in Berührung kamen, fielen ihnen die hohen Gestalten, die blauen, trotzigen Augen, die hellen Haare so überwältigend auf, daß Tacitus sagt: es sieht von ihnen Einer aus wie der Andere. Denselben Eindruck würden wir zunächst unter einem Negervolke empfangen. Nähere Bekanntschaft läßt uns die Unterschiede bemerken, die uns zuvor entgangen sind. Etwas Aehnliches ist mit den ältesten Menschengeschlechtern vor sich gegangen, nur daß es die ganze gestaltete Welt war, welche sie theils nach ihren Einzelheiten zu unterscheiden, theils auch nur mit Interesse zu beachten erst langsam lernen mußten. Und was mag wohl dasjenige gewesen sein, was sie am Frühesten in solcher Weise beachteten? Es war das, was ihrem Herzen am Nächsten stand, die Bewegungen, die Handlungen von Ihresgleichen. Denn was den Menschen immer und immer wieder am Lebhaftesten fesselt, am Wärmsten befriedigt, es ist der Mensch. Die Herrlichkeit der Natur selbst wäre von Schauer für uns erfüllt, wenn wir uns allein, ganz allein in ihr wüßten. Nur ausnahmsweise, nur vorübergehend wirkt auf uns, was nicht lebt, nicht fühlt wie wir. Ich will es nicht versuchen den Augenblick zu schildern, wo zum erstenmale der Eindruck einer menschlichen Bewegung in einem Sprachlaute einen sympathetischen Ausdruck fand. Aber gestatten Sie mir noch eine Analogie für diesen so unendlich hinter aller unserer Erinnerung liegenden Moment zu erwähnen, welchen ich nicht ohne Ueberraschung selbst gesehen habe. Ein Knabe, dem eine Krankheit das Gehör in dem Alter fast ganz geraubt hatte, da er die ersten Kinderworte schon lallen konnte, wurde von seiner Mutter durch unsere Stadt geleitet; sie suchte in unserer Nähe Hoffnung für die Heilung ihres unglücklichen Kindes. Der schöne muntere Knabe war damals sechs Jahre alt, das Wenige, was er gesprochen hatte, war längst vergessen; er sprach Nichts. Aber er hörte laute dröhnende Geräusche. Ein Wagen rollte von ihm ungesehen vorüber. Ganz wie ein jüngeres hörendes Kind legte der Knabe den Finger an das Ohr, zum Horchen auffordernd, und machte dann die Bewegung des Peitschenknallens. Nicht das Rollen der Räder, die er hörte, nicht die laufenden Thiere waren es also, die ihm den lebhaftesten Eindruck gemacht hatten. Er wählte von Allem nur die einzige Menschenbewegung, die er bei dem Phänomen des fahrenden Wagens gesehen, und diese ahmte er nach. Er ahmte sie nach um mitzutheilen; aber das ganze Interesse dieser Mittheilung bestand für das Kind doch nur in dem Wunsche, das gleiche Gefühl in uns zu erwecken, das es selbst empfand, es war nur ein Ausdruck für seine eigne innere Erregung. Und ein solcher Ausdruck, ohne jeden Zweck, als den Drang sich auszusprechen, das freudige Interesse an dem Gesehenen laut werden zu lassen, müssen wir wohl auch in dem Urlaute, dem Keimpunkt aller Sprache voraussetzen.

Die Entwickelung der Sprache, welche längst die ganze reiche Welt des Geistes mit ihren Lauten überkleidet hat, aus einem einzigen Urlaute hat auf den ersten Blick vielleicht etwas Befremdendes. Aber es gibt keine andere Lösung für das in ihr verborgene Räthsel. Die verschiedenen Versuche, einen Grund aufzufinden, warum wir den einen Gegenstand mit dem einen, den andern mit einem andern Laute benennen, sind gescheitert. Wohl kann man einen Grund dafür auffinden, warum wir das menschliche Haupt mit dem Worte Kopf benennen; diese Benennung ist mit Kufe nahe verwandt, Kopf bedeutet eigentlich den Schädel, die Hirnschale, und zwar aller Wahrscheinlichkeit nach als ein Trinkgefäß, erinnernd an jene Zeiten, wo der Schädel des Feindes zur Trinkschale ward. Wir wissen auch, daß Fuß von einer Wurzel kommt, die treten bedeutet. Aber wenn wir weiter gehen, so hört die Möglichkeit der Begründung auf. Die erwähnte Wurzel von Fuß lautet ursprünglich pad; warum aber gerade der Laut pad für die Bedeutung treten gewählt worden ist, läßt sich nicht weiter begründen. Man hat bis in die neueste Zeit geglaubt, die ältesten Wurzeln der Wörter seien Nachahmungen von Thierlauten gewesen; Andere haben in ihnen eine Art von Empfindungslauten, wie ah! ei! gesucht. In dem einen Falle würde die Wurzel pad eine Nachahmung des Lautes sein, den die Tritte verursachen, in dem andern etwa ein Ausdruck der Ueberraschung beim Hören solcher Tritte. Max Müller hat diese beiden Versuche unter dem Namen der Wau-wau- und Pah-pah-Theorie verspottet: wau-wau sollte dabei als schallnachahmende Bezeichnung des Hundes gelten. Er selbst glaubt, daß der Mensch ein klingendes Wesen sei, daß seine

Seele in der Urzeit vermöge einer jetzt verlorenen Fähigkeit, gleichsam wie ein Metall, auf den Anschlag verschiedener Objecte in der Natur geantwortet und so die Worte hervorgebracht habe. Auch diese Ansicht ist einem berechtigten Scherze nicht entgangen: man hat sie in England die Ding-Dang-Theorie genannt. Was allein der Erfahrung vollkommen entspricht, ist, daß aus einem Worte mehrere an Laut und Begriff verschiedene erwachsen. Ein Wort für Schale kann auf der einen Seite zu der Bedeutung Hülse gelangen, andererseits für Schildkrötenschale, für Trinkschale, ja für Kopf gebraucht werden.

Daß aber auf diese Weise alle Worte aus einer einzigen Urform hervorgegangen sind, hat nicht nur seine bedeutungsvolle Analogie in der Entstehungsgeschichte der Organismen des Thier- und Pflanzenreiches, sondern auch in der Entstehung der Völker, wie die Sprache selbst sie lehrt. Wie verschieden sind nicht Deutsche und Hindu's, wie sehr weicht die deutsche Sprache nicht von der sanskritischen ab! Nur die Wissenschaft erkennt in beiden die Einheit; sie zeigt, daß das jetzt Verschiedene einmal Eines gewesen sein muß. Und wenn wir den Gegensatz des Französischen und Italienischen mit dem soviel größeren des Deutschen und Sanskrit vergleichen, und bedenken, daß nur die längere Trennung und Entfernung der Völker von einander diese Verschiedenheiten hervorgerufen hat, so werden wir es wenigstens nicht für unmöglich halten, daß sogar alle Sprachen der Erde aus einem einzigen Keime hervorgegangen und nur durch eine noch viel längere Trennungszeit zu ihren großen Gegensätzen herangewachsen sind. Das Hervorgehen des Mannigfaltigen aus der Einheit, es scheint das große Grundgesetz aller Entwickelung der Natur und des Geistes zu sein. Dies Gesetz leitet uns auch in der Sprache auf einen ganz unscheinbaren Keim zurück, einen ersten Laut, der das unendlich Wenige, das Einzige ausdrückte, was der Mensch damals beachtete und mit Interesse sah, aus dem der ganze Reichthum der Sprache, ja wie ich nicht zögere es als meine Ueberzeugung auszusprechen, aller Sprachen in einer Reihe von vielen, sehr vielen Jahrtausenden allmählich sich entfaltet hat.

Somit sind wir denn auf einen Urzustand des menschlichen Geistes gelangt, von welchem der Vor- und Rückblick gleich groß, weitaussehend und wunderbar, ja erschütternd ist. Der Moment der beginnenden Sprachfähigkeit kann nicht wohl der Menschheit erster gewesen sein. Nicht sprechend, nicht denkend, wenigstens sicherlich nicht in dem Sinne, wie wir uns des Denkens als unseres eigensten menschlichen Besitzes bewußt sind, gehört der Mensch einem anderen Gebiete an. Er verfällt der Entwickelungsgeschichte des Thierreichs. Das Schicksal der Menschheit von ihrem Heraustreten aus der Thierheit bis zu ihrer völligen Reife liegt, Dank dem Hülfsmittel der Sprache, klarer vor uns. Dies war es, wovon ich heute im Fluge ein Bild vor Ihnen vorüberzuführen versucht habe. Durch Beweise zu überzeugen konnte nicht meine Absicht sein, da in so engem Rahmen dieselben doch vielleicht nur Scheinbeweise geworden wären. Genug, wenn es mir gelungen sein sollte, ein Gefühl von dem gewaltigen Hintergrunde in Ihnen zu erwecken, worauf die gegenwärtige Menschheit ruht. Von so unergründlicher Tiefe ist die Natur auch hier. Unsere Thaten, unsere Gedanken alle haben einen unabsehbar alten Stammbaum, und es ist ein hoher, aber durch steigenden Aufschwung von Generation zu Generation erworbener Adel, Mensch zu sein.

Freilich mag zuweilen, wenn am fernsten Horizonte die Kindheit unseres Geschlechtes vor uns heraufsteigt, wenn die edlen Züge, welche der Gestalt des Menschen ihre stolze Hoheit leihen, einer nach dem anderen sich aus seinem Bilde zu verlieren drohen, es mag uns eine Wehmuth, eine Bangigkeit ergreifen, so tief von der Höhe, auf der wir stehen, auf unser verändertes Selbst hinabzublicken. Allein zwischen der Kindheit des Menschen und seiner Männlichkeit liegen die unverlorenen Ideale seiner Jugend, liegt sein naiv erblühtes Denken, seine in schön erglühender Begeisterung errungenen Schöpfungen der Kunst, der Religion, der Sittlichkeit. Die Verehrung für das erhabene Licht des Alterthums, die Bewunderung so vieles Großen was vor uns gewesen und nun zu solchem Reichthume vereinigt, von uns geschaut, genossen, begriffen werden darf, sie bleibt uns treu und unverkürzt wie ein unvergängliches Heiligthum. Und wer möchte behaupten, daß wir schon am Ziele sind? Wer weiß, ob die mächtige Bewegung, welche jetzt alle Völker der Erde in immer weiteren, immer höheren Wellenschlägen ergreift und unser Fühlen, Denken und Handeln unaufhaltsam umgestaltet, ob sie nicht eben jener ewig junge Trieb des Wachsthums, der Entwickelung ist? Und falls es nun auf dieser dunkelen Bahn, die wir geführt werden, ohne daß unser Einzelwille unsern Gang wesentlich fördern oder hemmen könnte, noch irgend einen Leitstern, irgend einen Strahl der Erleuchtung gibt, so möchte er wohl nichts anderes als das in unsern Tagen eben aufdämmernde Licht des Bewußtseins sein, des Bewußtseins von unserer Vergangenheit.

II.

Die Urgeschichte der Menschheit
im Lichte der Sprache.

Mit besonderer Beziehung auf die Entstehung des Werkzeugs.

Gesprochen auf dem Internationalen Congreß für Alterthumskunde und Geschichte in Bonn, den 15. Sept. 1868.

Die Fragen, welche an die Spitze Ihrer Verhandlungen gestellt worden sind, umfassen Gegenstände von gewaltiger Bedeutung für die Geschichte des Menschen, aber auch zugleich von fast unübersehbarem Umfange. Wenn ich es versuche, über einen Theil derselben meine Meinung vor Ihnen auszusprechen, so bin ich mir bewußt, daß die Kürze der Zeit mir nur eine sehr flüchtige Skizze gestatten wird, und ich habe mir das Wort weniger zur Besprechung von Resultaten erbeten, als vielmehr, um Ihre Aufmerksamkeit auf eine wichtige, bis jetzt nur in geringerem Maße berücksichtigte Quelle und Methode für solche Forschungen zu lenken. Die eigentliche Archäologie, die Aufsuchung und Erforschung greifbarer Ueberreste des Alterthums hat mit Schwierigkeiten zu kämpfen, die ihr, wie es scheint, vor Erreichung ihrer letzten Ziele Schranken zu setzen drohen. Ich will nichts über die mehr zufällige Schwierigkeit sagen, in jedem Falle das Alter und die Zugehörigkeit eines Fundes mit Sicherheit zu bestimmen. Allein je höher das Alterthum und je primitiver die menschlichen Zustände, um so unvollkommener und weniger dauerhaft mußten, wenigstens jenseits einer gewissen Grenze, die Werke des Menschen sein: von einem Holzzeitalter werden sich begreiflicherweise weniger Ueberreste, als von einer Stein- oder Metallzeit erhalten haben. Zugleich sind aber die menschlichen Arbeiten immer auch um so weniger als solche kenntlich, je weniger künstlich sie sind. Wir könnten also gerade aus Zeiten, die für die Ursprünge die wichtigsten sind, gar wohl Werkzeuge auffinden, an denen wir die Bearbeitung nicht mehr mit Sicherheit erkennen. Auch verhält es sich mit diesen rohen Kunstproducten, wie mit allem Gewordenen: wir sehen sie vor uns liegen, aber über ihr Werden, über den Geistesproceß, der ihrer Entstehung vorherging, sagen sie uns nichts. Wenn es eine Zeit gegeben hat, wo der Mensch noch ohne Werkzeuge und überhaupt ohne alle Kunstthätigkeit war, so können uns dies seine ältesten Wohnstätten höchstens durch Schweigen kundgeben. Gerade für diese ferne Urzeit glaube ich auf die Sprache als ein lebendiges Zeugniß hinweisen zu dürfen, und ich bitte Sie, über diese linguistische Archäologie, deren Resultate ich in dem zweiten Bande meines Werkes über den Ursprung der Sprache und Vernunft demnächst zu veröffentlichen hoffe, mir einige Andeutungen zu gestatten.

Der Mensch hatte Sprache vor dem Werkzeug und vor der Kunstthätigkeit. Dies ist ein Satz, der, an sich schon einleuchtend und wahrscheinlich, sprachlich einen vollständigen Beweis zuläßt. Betrachten wir irgend ein Wort, das eine mit einem Werkzeuge auszuführende Thätigkeit bezeichnet:

wir werden immer finden, daß dies nicht seine ursprüngliche
Bedeutung ist, daß es vorher eine ähnliche Thätigkeit bedeutet
hat, die nur der natürlichen Organe des Menschen bedarf.
Vergleichen wir z. B. das uralte Wort mahlen, Mühle,
lat. molo, griech. μύλη. Das aus dem Alterthum wohl-
bekannte Verfahren, die Körner der Brodfrucht zwischen Steinen
zu zerreiben, ist ohne Zweifel einfach genug, um in einer
oder der andern Form schon für die Urzeit vorausgesetzt zu
werden. Dennoch ist das Wort, das wir jetzt für eine Werkzeugthätigkeit gebrauchen, von einer noch einfacheren Anschauung ausgegangen. Die in dem indoeuropäischen Sprachraume
sehr verbreitete Wurzel mal oder mar bedeutet „mit den
Fingern zerreiben", auch wohl „mit den Zähnen zermalmen."
Ich erinnere an mordeo beißen und die Sanskritwurzel mrid,
welche zerreiben und reiben, z. B. die Stirne mit der Hand,
bedeutet, an das griechische μολύνω, mit Mehl, Lehm oder
dergleichen bestreichen und beflecken, woneben im Sanskrit
mala, Befleckung, gothisch mulda, weiche Erde, steht. Einerseits gehört μέλας, schwarz, andererseits μαλακός, mollis,
mürbe ebenfalls hierher, ja auch eine Menge von Bezeichnungen morastartiger Flüssigkeiten, und selbst das Wort
Meer. Im Deutschen sind zwei verschiedene Wörter aus verwandten Wurzeln im Laute ganz zusammengetroffen: das
Mahlen des Kornes, das Malen des Gemäldes. Die Grundbedeutung ist in beiden: mit den Fingern reiben oder streichen;
und wie nahe berühren sich die Bezeichnungen für dieselben
beiden Begriffe im Lateinischen pinso und pingo!

Diese Erscheinung, daß die Werkzeugthätigkeit von einer
einfacheren, älteren thierischen benannt wird, ist eine ganz
allgemeine, und ich weiß sie nicht anders zu erklären, als

daraus, daß die Benennung älter ist, als die Werkzeugthätigkeit, die sie heute bezeichnet; daß das Wort schon vorhanden war, ehe die Menschen sich anderer Organe bedienten als der angeborenen, natürlichen. Woher hat die Sculptur den Namen? sculpo ist eine Nebenform von scalpo und bedeutet anfangs nur das Kratzen mit den Nägeln. Die Kunst des Webens oder Flechtens ist uralt; in den ältesten religiösen Mythen spielt sie eine Rolle; es ist keine Culturstufe historisch nachweisbar, wo sie ganz fehlt. Wie bei den Griechen der Athene, so wird schon in den Vedahymnen dem Sonnengotte, der Göttin Aramati, und in mystischem Sinne den Priestern öfters das Geschäft des Webens angedichtet. Vom Sonnengotte heißt es z. B. mit Beziehung auf den Wechsel von Tag und Nacht: „Dies ist die Gottheit Surja's, dies seine Größe, daß er mitten im Thun das ausgespannte Gewebe wieder einzieht." Die hier für Ausspannen gebrauchte Wurzel gibt zugleich die Benennung für den Aufzug des Gewebes, während der Einschlag im Sanskrit mit ve, der einfachsten Form unseres Wortes weben, bezeichnet wird, ähnlich wie in den englischen Wörtern weft und woof. Vergleichen wir nun mit dieser Wurzel die mannigfachen mit demselben Consonanten w beginnenden und ganz nahe verwandten, z. B. das lat. vieo, so geben gar manche derselben einen Fingerzeig zur Beantwortung der Frage, an welchen Gegenständen sich diese Kunst des Webens, oder vielmehr des Flechtens, zuerst geübt haben mag. Das lat. vimen z. B., eigentlich ein Mittel zum Flechten bedeutend, wird von Zweigen der Bäume und Sträucher sowohl in ihrem natürlichen Zustande und Wachsthum, als auch namentlich sofern sie zu allerlei Flechtwerk verarbeitet sind, oder als Stricke zum

Binden dienen, gebraucht. Die Weide hat in dem frühesten Alterthum von der Anwendbarkeit ihrer Zweige zu solchen Zwecken ihren Namen erlangt; ebenso eine Menge von Gras- und Schilfarten. Die Pflanze, deren Fasern unter uns vorzugsweise eine Kunstverwendung zum Weben geblieben ist, der Flachs, hat seinen Namen vom Flechten, wie Flechse, d. i. Band, Sehne, deutlich zeigt.

Einfache Geflechte von Pflanzenfasern, von biegsamen Zweigen, sind die ersten Kunstgegenstände auf diesem Gebiete; aber die Sprache führt uns noch einen Schritt weiter. Es gibt Wörter, in denen sich der Begriff der Verwickelung der Zweige des Gesträuppes oder dichtbelaubter Bäume so mit dem des Pflanzengeflechtes vereinigt findet, daß es wahrscheinlich wird, dies natürliche Geflecht habe der Kunstthätigkeit des Menschen zum Vorbilde gedient. Die Anschauung dicht in einander verflochtener Zweige und in üppiger Verwickelung wachsenden Schilfes ging allmählich und in gleichem Schritt mit der in dem Culturleben des Menschen vorgehenden Verwandlung auf das Kunstproduct der ersten rohgeflochtenen Matte über. Ja das natürliche Baumgeflecht war vielleicht der erste Gegenstand der Kunstübung selbst. Es sind Uebergänge noch vorhanden, die es äußerst wahrscheinlich machen, daß eine Art von Nestbau in den Zweigen dichtbelaubter Bäume dem Menschen der Urzeit natürlich und zur Bereitung seiner Wohnstätte genügend gewesen ist. Aus Afrika, in so vieler Hinsicht einem Wundergebiete für die menschliche Geschichte, theilt Barth die Nachricht von dem Volke der Ding-Ding mit, die zum Theil auf Bäumen leben sollen. Dieser Stufe sehr nahe stehen die äußerst rohen Bewohner der Insel Annatan, die die Zweige geeigneter Baumgruppen zu einer

Art sehr primitiver Hütten benutzen. Von den Puri's erzählt uns Prinz Maximilian in seiner brasilianischen Reise Aehnliches. Hier tritt, als den Südamerikanern charakteristisch, die Hängematte hinzu, die als ein Rest der Gewohnheit erscheint, in den Zweigen der Bäume zu schlafen. Das Wort Hängematte selbst ist mit der Sache von jenem Erdtheile zu uns gekommen. Es gehört der Sprache von Hayti an, wo es Columbus unter der Form amaca fand, und von wo es in verschiedenen europäischen Sprachen zu Formen wie hamac, hammock und (bei den Holländern) hangmack umgewandelt, endlich durch Mißverständniß zu hangmat, Hange- oder Hängematte wurde.

Noch ein anderes Moment, nämlich die Gestalt des Menschen scheint mir sehr bestimmt dafür zu sprechen, daß sein ursprünglicher Aufenthalt der Baum gewesen ist. Aus einer einstigen kletternden Lebensart erklärt sich am Naturgemäßesten sein aufrechter Gang; und aus der Gewohnheit, den Baum aufwärts schreitend zu umfassen, die Umbildung der Hand aus einem Bewegungs- zu einem Greiforgane. Gerade der niedrigsten Stufe, die wir für die Cultur unseres Geschlechtes glaublich machen können, würden wir demnach unsere unterscheidenden Vorzüge, die freie unsere Umgebung beherrschende Erhebung unseres Hauptes und den Besitz des Organes verdanken, welches Aristoteles das Werkzeug aller Werkzeuge genannt hat.

So gewaltig die Umgestaltung der menschlichen Thätigkeit ist, die sich aus den Geheimnissen der Worte für uns erschließt, so haben wir doch keinen Grund in ihr etwas Anderes zu suchen, als die Summe von ganz allmählichen Vorgängen, wie wir sie in anderen Fällen noch heute täglich sich ereignen sehen.

Seit wenigen Jahren bezeichnen wir mit nähen nicht mehr bloß eine Arbeit der Hand, sondern auch eine der Maschine; wir verstehen unter schießen etwas ganz Anderes als man vor der Erfindung des Schießpulvers darunter verstehen konnte. Wie ganz anders ist heute ein Schiff beschaffen, als damals, da es sich von einem Troge, einem hölzernen Hohlgefäße, das der Name uns andeutet, noch in nichts unterschied! Wie wenig gleichen unsere Dampfwägen dem ersten Dinge, das Wagen hieß, und das, wie ich Ursache habe zu glauben, nichts Anderes war, als ein einfach abwärts rollender Baumstumpf! Die Verwandlung der menschlichen Lebensform ist eine ganz allmähliche, und wir haben wohl das Recht anzunehmen, daß es niemals anders gewesen ist. Wir müssen uns hüten, dem Nachdenken bei der Entstehung des Werkzeuges einen zu großen Antheil zuzuschreiben. Die Erfindung der ersten höchst einfachen Werkzeuge geschah gewiß gelegentlich, zufällig, wie so manche große Erfindung der Neuzeit. Sie wurden ohne Zweifel mehr gefunden als erfunden. Diese Ansicht hat sich mir besonders aus der Beobachtung gebildet, daß die Werkzeuge niemals von einer Bearbeitung, niemals genetisch benannt sind, sondern immer von der Verrichtung die sie auszuführen haben. Eine Scheere, eine Säge, eine Hacke sind Dinge, die scheeren, sägen, hacken. Dieses Sprachgesetz muß um so auffallender erscheinen, als die Geräthe, die nicht Werkzeuge sind, genetisch, passivisch, nach ihrem Stoffe oder der Arbeit benannt zu werden pflegen, aus der sie hervorgehen. Der Schlauch z. B. ist überall als eine abgezogene Thierhaut aufgefaßt. Neben dem deutschen Worte Schlauch steht im Englischen slough, Schlangenbalg; das griechische ἀσκός ist beides Schlauch und Thierhaut. Hier lehrt uns also die Sprache ganz deutlich, wie und woraus das Geräthe, das sie Schlauch nennt, bereitet worden ist. Bei den Werkzeugen ist dies nicht der Fall, und sie können daher, soweit es die Sprache angeht, sehr wohl anfangs gar nicht bereitet, das erste Messer kann ein zufällig gefundener, ich möchte sagen, spielend verwendeter scharfer Stein gewesen sein.

Man könnte zunächst glauben, daß wenn das Werkzeug von seiner Verrichtung benannt worden ist, schon vorher für diese Verrichtung ein Begriff vorhanden gewesen sein müsse; z. B. wenn ein schneidendes Werkzeug als etwas Schneidendes bezeichnet ist, so scheint der Begriff schneiden hiermit vorausgesetzt zu werden. Allein wir wissen ja, daß alle diese Wörter ursprünglich Thätigkeiten bezeichnen, die ohne andere Werkzeuge, als die natürlichen, ausgeführt werden. Das Wort Scheere ist hiefür ein deutliches Beispiel. Es bedeutet gegenwärtig ein Doppelmesser, ein zweiarmiges schneidendes Werkzeug. Es bedarf kaum der Erwähnung, daß diese Bedeutung nicht die ursprüngliche ist; in der That haben Inder und Griechen ein nahe verwandtes Wort, das Schermesser bedeutet, und das schwedische ekära heißt Sichel. Man kann wohl annehmen, daß Scheere und Schermesser den Indogermanischen Nomaden der Urzeit zunächst bei der Schafschur diente. Zugleich läßt sich aber bis in späte Zeiten der Gebrauch nachweisen, Schafe nicht zu scheren, sondern mit den Händen zu rupfen. Varro behauptet daß dies vor Erfindung der Schur überhaupt geschehen sei, spricht aber auch von Solchen, die noch zu seiner Zeit so verfuhren, und noch Plinius sagt: „Die Schafe werden nicht überall geschoren, an manchen Orten dauert die Gewohnheit des Rupfens fort." (VIII, 2. 73). Die nahe Verbindung des Wortes scheren mit ſcharren, und unter Anderem auch der althochdeutſche Name des Maulwurfs, scëro, das ſcharrende Thier, macht es außerdem mehr als wahrſcheinlich, daß die Grundbedeutung des Wortes wieder nur ſchaben, kratzen, ſcharren geweſen, die Scheere alſo als ein Werkzeug zum Schaben, Kratzen der Haut zum Zweck des Rupfens aufgefaßt ſei. Auf ſolche Weiſe können wir die Benennungen der Werkzeuge und auch die Werkzeugthätigkeit ſelbſt in einem langſamen Proceſſe aus einer ganz allmählichen Fortentwickelung der menſchlichen Bewegungen, wie ſie anfangs ſchon dem ſich allein überlaſſenen Leibe des Menſchen möglich waren, entſprungen denken.

Geſtatten Sie mir, meine Herren, hierbei einen höchſt wichtigen Unterſchied wenigſtens anzudeuten, der geeignet iſt, den Ausdruck Entwickelung, auf das Werkzeug angewendet, als eine volle Wahrheit erſcheinen zu laſſen, nämlich den Unterſchied zwiſchen primären und ſecundären Werkzeugen. Das Werkzeug, in ſeiner Entwickelung beobachtet, gleicht auf wunderbare Weiſe einem natürlichen Organe, es hat ganz wie dieſes ſeine Transformationen, ſeine Differenziirungen. Man würde das Werkzeug gänzlich mißverſtehen, wenn man immer in ſeinem nächſten Zwecke die Urſache ſeiner Entſtehung finden wollte, ebenſo wie man den Schwimmfuß der Ente mißverſtehen würde, wenn man ihn außer Zuſammenhang mit der Fußbildung nicht ſchwimmender Vögel betrachtete. So hat z. B. ſchon Klemm darauf aufmerkſam gemacht, daß der Bohrer aus dem Reibfeuerzeuge der Urzeit entſtanden ſei, jenem merkwürdigen Geräthe, deſſen gemeinſchaftliches Vorkommen auf ganz entlegenen Erdtheilen allein ſchon hinreichen würde, einen äußerlichen Zuſammenhang, einen Verkehr der geſammten Menſchheit in faſt unbegrenzter Ausdehnung vermußen zu laſſen. Die Eingeborenen Nord- und Südamerika's von den Aleuten bis zu den Peſcherä's und die Kaffern im Süden von Afrika ebenſowohl als die Auſtralier haben den Gebrauch, ein Stück harten Holzes in ein weicheres zu bohren und ſo lange in demſelben umzudrehen, bis die Späne ſich ſelbſt und das als Zunder gebrauchte dürre Laub entzünden. Dieſes Verfahren, das im Gegenſatze zu dem Gebrauch des Feuerſteins das Holzzeitalter repräſentirt, findet ſich in ganz überraſchender Uebereinſtimmung bekanntlich in den Vedaliedern, wo die beiden Arani oder Reibhölzer beim Opfer eine bedeutende Stelle haben. Es iſt dies nicht der einzige Fall wo Alterthums- und Sprachforſchung die Zuſtände der hochgebildeten Völker auf die niedrigſte heute noch unter einem oder dem anderen wilden Stamm lebendige Culturſtufe zurückzuführen lehren und uns ein allgemeines Geſetz erkennen laſſen, wo wir zunächſt geneigt geweſen wären eine vereinzelte Sonderbarkeit zu ſehen. Es liegt in der Geſchichte der Sprache, ja in dem was oft noch ſpäte Schriftſteller des Alterthums uns verrathen, unendlich viel für die Erkenntniß der Urgeſchichte Bedeutſames verborgen, und es wird ſich gar ſehr lohnen, auch in dieſe Tiefen ſchürfend einzubringen.

Eine Analogie zu der Entſtehung des ſecundären Werkzeuges durch Transformation bildet die Entwickelung der Saite aus der Bogenſehne, auf welche Willinſou hingedeutet hat. Wie ſehr die Bogenſehne geeignet war, den muſikaliſchen Sinn zu einer ſolchen Verwendung anzuregen, zeigt uns eine merkwürdige Stelle Homers: „Wie wenn ein der Cither und des Geſanges kundiger Mann an einem neuen Wirbel leicht die Saite ſpannt, zu beiden Seiten den wohlgedrehten Schafdarm befeſtigend, ſo ohne Mühe ſpannte Odyſſeus den großen

Bogen. Dann faßte er mit der rechten Hand die Sehne und prüfte sie; sie aber sang schön dazu, einer Schwalbe an Stimme vergleichbar." (Od. 21, 434.) Für eine verhältniß= mäßige Jugend der Saiteninstrumente spricht schon der Um= stand, daß dieselbe bei den Eingeborenen Amerika's zur Zeit der Entdeckung dieses Erdtheils durch die Europäer nicht vor= gefunden wurden. Wenn man bedenkt, welche Wichtigkeit die Anschauung der schwingenden Saite für das musikalische Bewußtsein hat, so muß man die folgenreichen Wirkungen bewundern, die sich an eine geringfügige zufällige Beobachtung, an den zufälligen Besitz eines mit einer schwingenden Sehne bespannten Bogens knüpfen konnten.

Um zu erkennen wie sehr wir selbst noch mitten in dem Processe der gleichen Transformation begriffen sind, wobei wir dann auch zugleich einen Maßstab zur Beurtheilung jener Vorgänge gewinnen, genügt es der ganz modernen Erfindung des Regenschirms zu gedenken, der dem uralten Sonnenschirme bloß mit Veränderung des Zweckes nachgebildet ist. Der Fall= schirm der Luftfahrer ist ebenfalls eine solche Umbildung. Bieten derartige Entwickelungen an den Gegenständen mensch= lichen Denkens und Wollens nicht eine Parallele zu dem was in der Natur geschieht, wenn unter veränderten Bedingungen und Bedürfnissen der Arm sich für den Vogel in einen Flügel verwandelt? Der Sonnenschirm dient übrigens in der ältesten Zeit religiösen Zwecken, und wir gelangen hier zu einem neuen Momente von der höchsten Bedeutung für die Geschichte des Werkzeuges, dem ich hier ebenfalls nur dieses Wort der Andeutung widmen darf. Die Religion in ihrer primitiven Gestalt ist für die Sitten, Anschauungen und Schöpfungen des Menschen ein so gewaltiger Anstoß, sie ist für so Vieles, von dessen Zusammenhang mit ihr wir keine Ahnung haben, doch in Wirklichkeit die Quelle gewesen, daß wir ohne auf ihre Erforschung einzugehen, von unserem eigenen Thun, und insbesondere auch von den uns umgebenden, aus unserer Hand hervorgegangenen und uns von der Thierheit in unserem äußeren Leben scheidenden Gegenständen kein historisches Verständniß fassen können.

Der Gebrauch von Werkzeugen, die er selbst bereitet hat, ist entschiedener als alles Andere ein augenfälliges, unterscheidendes Merkmal für die Lebensweise des Menschen. Aus diesem Grunde ist die Frage nach der Entstehung des Werkzeuges ein Gegenstand von der höchsten Wichtigkeit für die menschliche Urgeschichte, und ich habe daher die Frage nach der Beschaffenheit der Geräthe des Menschen in der Urzeit in diesem einerseits etwas engen, andererseits zugleich weitergreifenden Sinne fassen zu dürfen geglaubt. Ich nehme keinen Anstand zu behaupten, daß es eine Zeit gegeben haben muß, wo der Mensch Geräthe und Werkzeuge nicht besaß, sondern sich durchaus mit seinen natürlichen Organen begnügte; daß hierauf eine Zeit folgte, wo er schon im Stande war, diesen Organen ähnliche, zufällig aufgefundene Gegenstände zu erkennen, zu nutzen, die Kraft seiner natürlichen Werkzeuge durch sie zu erweitern, zu erhöhen, zu bewaffnen, und z. B. eine hohle Pflanzenschale als Surrogat für die hohle Hand, welche das erste Gefäß gewesen war, zu verwenden. Erst nachdem der Gebrauch dieser zufällig sich darbietenden Geräthe geläufig geworden war, trat auf dem Wege der Nachbildung die schöpferische Thätigkeit ins Leben.

[Einen Seitenblick auf eine besondere bereitende Thätigkeit werden Sie, meine Herren, mir vielleicht um so eher noch gestatten, als er einen anderen dieser Versammlung zur Besprechung zugleich vorgeschlagenen Gegenstand mit betrifft, nämlich die Nahrung. Unter den verschiedenen Bereitungsarten der Nahrung ist begreiflicherweise das Kochen eine der jüngsten. Cook fand auf Tahiti die Eingeborenen mit dem Sieden in Töpfen gänzlich unbekannt, das Fleisch wurde entweder am Feuer oder in Erdlöchern zwischen heißen Steinen gebraten. Auch die homerischen Helden aßen das Fleisch am Spieß gebraten oder in der Pfanne geschmort; das Abkochen im Wasser scheint dem Dichter nicht bekannt zu sein. So ist denn auch das deutsche Wort kochen ein Fremdwort aus dem lateinischen coquo. Der Begriff entwickelt sich deutlich aus unmittelbareren Bereitungen durch das Feuer, braten und backen, selbst in Wörtern, wo diese Bedeutungen in der Folge ganz ausgeschlossen worden sind. Noch einen Schritt und wir finden eben diese Wörter, die sich von der Wirkung des siedenden Wassers zu der des Feuers zurückgeführt haben, von der Sonne gebraucht. So heißt das griechische πέσσω kochen, bei Homer noch reif machen, und diese Bedeutung theilt auch das sanskritische pak; im Russischen bedeutet petsch noch das Brennen, Stechen der Sonne. Ein sehr merkwürdiges, in seinen Begriffsbeziehungen dem Alterthum der griechischen und Sanskritsprache gemeinsames Adjectiv aus derselben Wurzel leitet uns noch weiter. Es ist das griechische πέπων, sanskr. pakva; πέπων heißt reif; aber bei Homer und Hesiod kommt es in diesem Sinne nicht vor, sondern in einem anderen, der nicht aus jenem entsprungen sein kann. Es ist dort immer Anrede, zweimal einen Vorwurf der Trägheit oder Feigheit enthaltend, an vielen anderen Stellen aber etwa soviel als: o Lieber. Wenn wir den Gebrauch des Wortes pakva in

den vedischen Liedern beobachten, so werden wir ebenfalls auf
eine Beziehung zu Kochen oder Reifen meistens verzichten
müssen; es heißt dort offenbar nur süß oder genießbar. Es
kommt nämlich nicht nur von Getreide, von einem Baume,
von Zweigen vor, wo es reifen heißen kann, sondern auch
von der Milch in dem mehrfach wiederkehrenden Gedanken:
„in die rohen Kühe, die schwarzen, rothen, hast du die Milch
gelegt, gar und weiß." Süß muß etwa auch die Bedeutung
des griechischen Wortes in der schmeichelnden Anrede sein,
und wenn z. B. der geblendete Cyclope in der Odyssee zu
seinem Lieblingswidder sagt: κριὲ πέπον, so werden wir übersetzen müssen: süßer oder zarter Widder. Als Tadel hingegen
eignet sich der Entwickelung des Wortes gemäß weichlich oder
faul. Hiermit ist also aus dem Worte kochen, denn mit
diesem ist das ebenbesprochene Adjectiv nahe verwandt, alles
was an Bereitung der Nahrung erinnert, verschwunden. Von
etwas Weichem, Genießbarem, etwa einer in diesem Zustande
vorgefundenen Frucht, geht der Begriff zur Erweichung durch
die Sonne, das Feuer, das siedende Wasser über. Beiläufig
will ich hier bemerken, daß die Sprache keine Zeit aufweist,
wo der Mensch nicht Fleischnahrung genossen habe; im Gegentheile, sie scheint die ursprünglichste zu sein. Zugleich spricht
aber nichts dafür, daß diese Nahrung von Anfang an irgend-
wie zubereitet gewesen sei: sie wurde ohne Zweifel lange Zeit
nur roh verzehrt.]

Der Mensch hat sich, dies verkündigen uns die Spuren
seiner überall in der Sprache noch aufbehaltenen Vorstellungen
laut und vernehmlich, aus Zuständen entwickelt, in denen
er lediglich auf seine organischen Hülfsmittel angewiesen, in
seinen Gewohnheiten wenig von seinen thierischen Mitgeschöpfen

abwich, und in Beziehung auf den Genuß des Daseins, ja auf seine Erhaltung, fast ganz von dem abhing, was das glückliche Ungefähr ihm darbot. Er wurde mächtiger, je mehr sich seine Fähigkeit, die Dinge um ihn zu benutzen, steigerte. Und wodurch steigerte sich diese Fähigkeit? Aus keiner anderen Ursache, als weil das Vermögen, die Dinge wahr= zunehmen, wuchs, ein Vermögen, welches eben nichts Geringeres ist, als die Vernunft selbst. Die theoretische Natur des Menschen ist es, was ihn so groß gemacht hat. Das gegenwärtige Zeitalter hat dem Werkzeuge eine neue großartige Entwickelung eröffnet; es schafft in der immer vollkommener, immer mächtiger werdenden Maschine ein von der Menschenhand losgelöstes, dem Menschen selbst, der es geschaffen, eine eigenthümliche Bewunderung einflößendes Werkzeug. Es ist nicht zufällig, daß dies Zeitalter dasselbe ist, in welchem die Menschheit mit so viel Bewußtsein über ihre Vergangenheit zu denken sucht, in welchem eine Versammlung wie die Ihrige die Anfänge der menschlichen Cultur zum Gegenstande ihrer wissenschaftlichen Forschung und Verhand= lung macht. Der Culturzustand unserer Gattung und ihr geschichtliches Bewußtsein sind Größen, die miteinander wachsen. Wir blicken zugleich mit sehnsüchtigen Blicken forschend nach dem dunkeln Grunde, von welchem wir ausgegangen, und mit kühner Hoffnung nach dem nicht minder dunkeln Ziele, dem wir entgegengeführt werden: Werden wir die Nacht der Urzeit jemals ganz erkennen? Werden wir das Ziel der Voll= kommenheit, das uns in der Zukunft lockend winkt, jemals erreichen? Wir wissen es nicht. Aber die innere Stimme gebietet uns nach beiden Seiten hin ein unwiderstehliches Vorwärts!

III.

Ueber den Farbensinn der Urzeit
und seine Entwickelung.

Gesprochen auf der Versammlung deutscher Naturforscher in Frankfurt a. M.
den 24. September 1867.

Der Gegenstand, für den ich mir Ihre Aufmerksamkeit auf eine kurze Zeit erbitte, wird derselben, wie ich hoffe, nicht unwürdig gefunden werden. Hat das menschliche Empfinden, hat die Sinneswahrnehmung eine Geschichte? Ist in den menschlichen Sinnesorganen vor Jahrtausenden Alles ebenso verlaufen, wie es heute verläuft, oder ist vielleicht eine ferne Urzeit nachweisbar, in welcher diese Organe zu manchen ihrer gegenwärtigen Verrichtungen unfähig gewesen sein müssen? Diese Fragen sind an sich physiologische, oder wenn mir der Ausdruck gestattet ist, paläo-physiologische; aber die Mittel zu ihrer Beantwortung sind von den sonst der Naturwissenschaft zu Gebote stehenden zum Theil nothwendig verschieden. Wir können von dem Knochengerüste und vielleicht der ganzen äußeren Erscheinung einer untergegangenen Thierspecies durch geologische Funde eine Anschauung gewinnen; wir können aus Schädelresten auf ein unvollkommener entwickeltes Menschengeschlecht der Urzeit allgemeine Schlüsse ziehen: doch über die Art, wie der Kopf gedacht haben mag, dessen Trümmer sich in dem Neanderthale als ein Problem für die Gegenwart aufbewahrten, möchte es schwer sein, sich aus seinem Anblicke irgend eine Vorstellung zu bilden. Glücklicherweise hat auch die Geschichte des Geistes ihre urweltlichen Reste, ihre Ablagerungen und Versteinerungen anderer Art: sie bieten lehrreichere Aufschlüsse, als man zu glauben geneigt sein sollte; sie führen, sorgfältig verfolgt, zu vielleicht unerwarteten, allein, wie ich glaube, darum nicht weniger sicheren Ergebnissen.

Die Geschichte des Farbensinnes hat für die Gesammtentwickelung des Empfindens eine hervorragende Bedeutung. In den ältesten uns erhaltenen Geisteswerken der Völker liegt ein ungemein reicher Stoff zur Betrachtung des Eindruckes vor, den die Farbe auf die Urzeit gemacht hat, und ich erlaube mir in erster Linie Ihre Aufmerksamkeit auf ein negatives Resultat zu lenken, das sich aus der Durchmusterung dieses reichen Stoffes ergibt. Auf einer frühen Stufe fehlt, trotz tausendfach naheliegender und oft dringend gebietender Gelegenheit, die Erwähnung der blauen Farbe gänzlich. Erwägen wir die Natur der Bücher, für welche diese Beobachtung gilt, so muß der Gedanke an einen Zufall schwinden. Ich erwähne zuerst der wundervollen, jugendfrischen Lieder des Rigveda, deren Auffindung inmitten der massenhaften indischen Literatur für die Erweckung des Gefühles wahrer Alterthümlichkeit zu einer ähnlichen Bedeutung für das gegenwärtige Jahrhundert bestimmt scheint, wie es die Wiederbelebung des griechischen Alterthums an der Schwelle der Neuzeit für Schönheitssinn und Kunstgeschmack gewesen ist. Diese Lieder, aus mehr als 10,000 Versen bestehend, sind fast in ihrer Gesammtheit mit Schilderungen des Himmels angefüllt; kaum ein anderer Gegenstand findet sich häufiger erwähnt; das Farbenspiel, das Sonne und Morgenröthe täglich an ihm bilden, Tag und Nacht, Wolken und Blitze, Luftraum und Aether, dies alles wird in unerschöpflicher Fülle immer und immer wieder mit aller Pracht vor uns entfaltet: nur daß der Himmel blau ist, würde, wer es nicht wüßte, aus diesen uralten Gedichten nicht erfahren können. Ich enthalte mich der Belege, welche, um erschöpfend zu sein, leicht zu einer Anführung des ganzen Inhaltes der Bücher werden könnten, und erwähne nur in Beziehung auf den astronomischen Standpunkt jener Dichtungen, daß sie allem Anscheine nach ein Mondjahr mit einem dreizehnten Schalt= monate kennen, dagegen an ächten Stellen schwerlich den Namen eines Sternbildes, und ganz gewiß nicht den Unter= schied von Planeten und Fixsternen; welcher überhaupt zu den relativ jungen Entdeckungen der alten Astronomie gehört.

Die Vedalieder vertreten die alterthümlichste Stufe des menschlichen Geistes, die sich in der Literatur (wenn man mündlich fortgepflanzte Lieder so nennen darf) überhaupt erhalten hat. Aber was die blaue Farbe betrifft, so läßt sich dieselbe Bemerkung in Betreff des Zendavesta machen, der Bücher der Parsen, denen Licht und Feuer, das irdische, wie das himmlische, bekanntlich überaus heilig sind, und bei denen man eine ähnliche Aufmerksamkeit auf die Farbenwelt des Himmels erwarten muß, wie in den Veden. — Die Bibel, in welcher bekanntlich der Himmel ebenfalls keine kleine Rolle spielt, die seiner in ihrem ersten Verse erwähnt, und ihn sonst noch über 450 mal nennt, von sinnverwandten Ausdrücken wie Aether u. s. w. ganz abgesehen, findet doch keine Gelegenheit, der blauen Farbe zu gedenken. Ja auch in den homerischen Gedichten ist der blaue Himmel nicht erwähnt, und doch wirkt er in den Gegenden, wo sie entstanden sind, auf jeden Besucher mit so ganz besonderem Reize!

Es wird gestattet sein, eine solche Reihe von Uebereinstimmungen nicht so schlechthin für zufällig zu halten, sondern eine Erklärung dafür in einem Gesetze aufzusuchen.

Die Wörter, womit wir die Farben bezeichnen, zerfallen in zwei leicht kenntliche Klassen. Die bestimmtesten, aber auch die jüngsten, pflegen von Gegenständen hergenommen zu sein, die bestimmt gefärbt sind und leicht verglichen werden können; z. B. strohgelb, veilchenblau, rosa. Solche Worte sind künstlich; in der Zeit der naturwüchsigen Wortentstehung begnügte man sich mit dem Gegensatze z. B. des Gelben und des Rothen: alles Besondere erschien als unbedeutende Nuance. Auf allen Gebieten, wo wir in der Sprache jüngere Begriffe von älteren sondern können, zeigt sich etwas Aehnliches: die Begriffe gehen von Extremen aus, und zur Bezeichnung ähnlicher Dinge von weniger extremem Charakter allmählich über. Dies Gesetz kann ich hier nur ganz im Allgemeinen aussprechen. Was die Farben betrifft, so steigert sich die Gleichgültigkeit in Betreff der Mittelfarben gegen die Urzeit hin in immer stärkerem Maße, bis zuletzt nur die äußersten Extreme, schwarz und roth, übrig bleiben. Ja es läßt sich nachweisen, daß der geschichtliche Fortschritt sich dem Schema des Farbenspectrums entsprechend fortbewegt hat, daß z. B. für Gelb die Empfindlichkeit früher als für Grün geweckt war. Auf der anderen Seite erkennt begreiflicherweise die Sprache den Satz nicht an, daß Schwarz keine

Farbe sei; sie bezeichnet es, als den entschiedensten Gegensatz gegen das Roth, sehr früh; noch mehr, sie schließt den schwächsten von ihr noch bezeichneten Ton der Farbenscala, nämlich das Blau, an dieses dunkle Ende an.

Die Wörter, welche in irgend einer Sprache für blau gebraucht werden, bedeuten zu kleinerem Theile ursprünglich grün; der größte Theil derselben hat in der frühesten Zeit schwarz bedeutet. Es gilt dies von unserem blau, welches sich im Altnordischen in der Zusammensetzung blå-madhr, schwarzer Mann, Mohr, findet, und auch mit dem englischen black verwandt ist. Es gilt ebenso, um eines entfernt liegenden Beispiels zu erwähnen, von dem chinesischen hiuan, das heute himmelblau, aber im Alterthum schwarz bedeutet; in allen Büchern kommt es in der Verbindung hiuan to vor: to heißt Tugend oder Verdienst, beide Wörter natürlich nicht blaues Verdienst, sondern dunkles oder unbekanntes. Ein Wort für blau, das jetzt über einen großen Theil von Asien verbreitet ist, ist nil, wahrscheinlich dasselbe wie der Flußname Nil, der von den Persern herzurühren scheint.[1] Auch nila bedeutet in alten Schriften nur schwarz, und ist nichts als die indische Form des lateinischen niger.

Was mag wohl der physiologische Zustand einer Menschengeneration gewesen sein, die die Farbe des Himmels nur schwarz hätte nennen können? Besteht der Gegensatz gegen uns nur in der Benennung, oder in der Perception? — In dieser Hinsicht ist die wunderliche Ernsthaftigkeit von

---

[1] Der Nil soll, nach griechischen Nachrichten, ursprünglich „der Schwarze" geheißen haben. Der Name Neilos kommt bei Homer noch nicht vor (der Nil heißt bei ihm Aigyptos), und ist bei Hesiod vielleicht noch nicht von dem ägyptischen Fluß, sondern von einem mythischen zu verstehen.

Interesse, mit der uns die wirkliche Gleichsetzung der in den Worten zusammenfallenden Farben zuweilen entgegentritt. So führt ein indischer Philosoph, indem er die Ursache der blauen Farbe des Himmels untersucht, die an sich freilich etwas seltsame Meinung an: dieselbe sei subjectiv; die schwarze Farbe des Auges werde dem Himmel mitgetheilt, wie das Auge des Gelbsüchtigen Alles gelb sehe.

Wohl Niemand, der über die Art nachdenkt, wie Homer sich über blaue und violette Gegenstände ausspricht, wird sich einiger Verwunderung erwehren können. Weniger auffallend mag, nach den schon angeführten Analogien, sein, daß das Wort κύανος, unser Cyan, ihm das tiefste Schwarz ist. Das Trauergewand der Thetis nennt er κυάνεον und zugleich „schwarz wie kein anderes Gewand." Mit demselben Farbenworte wird die Sturmwolke, die schwarze Wolke des Todes bezeichnet, und mehrmals wird es durch Hinzufügung von μέλας förmlich als schwarz erklärt. Dagegen heißen die Haare des Odysseus der Hyacinthblume gleich, und die altgriechischen Erklärer, denen diese Anschauung noch nicht so fremd war, wie uns, beziehen das Bild ganz richtig auf schwarze Farbe. Pindar spricht in demselben Sinn von Veilchenlocken, Homer nennt das Eisen veilchenfarbig. Als Gladstone, an der Spitze der Verwaltung der jonischen Inseln stehend, seine Muße zu homerischen Studien benutzte, bemerkte er das Auffällige solcher und ähnlicher Stellen sehr wohl, und er wurde dadurch versucht, der alten Sage Glauben zu schenken, wonach Homer das Loos getheilt haben soll, das er selbst einem Sänger der Vorwelt zuschreibt: „Ihm gab die Muse Gutes und Böses: sie beraubte ihn des Augenlichtes und gab ihm süßen Gesang." Wenn jedoch diese pathologische Erklärung für Homer gelten sollte (seine individuelle Existenz vorausgesetzt!), so müßten eine Menge anderer Dichter des Alterthums, so müßte die Menschheit eine ganze Reihe von Jahrtausenden hindurch in derselben Lage gewesen sein. Nur die Aegypter bilden hier theilweise eine Ausnahme; aber wer wird auch die Erbauer des Riesentempels von Karnak als einen Beleg für die Urzeit anführen wollen? Dagegen ist es merkwürdig, wie tief herab bei Griechen und Römern die Verwechslung von blau und violett namentlich mit grau und braun noch geht. Selbst noch lange nachdem wissenschaftliche Beobachtung diese Farben geschieden hatte, scheinen sie für die Volksanschauung zusammengefallen zu sein. Und so konnte noch Theokrit und ihm nachahmend Virgil zur Entschuldigung der sonngebräunten Farbe eines schönen Antlitzes sagen: „es seien ja doch auch die Veilchen schwarz, und die Hyacinthen." In ähnlicher Absicht sagt auch Virgil: „die weißen Ligustern fallen, die schwarzen Hyacinthen sind es, die man sucht und liebt." Ja noch Cassiodor, im Anfange des sechsten nachchristlichen Jahrhunderts, berichtet von den vier bei den circensischen Spielen angewandten Farben, die bekanntlich zuweilen eine blutige Wichtigkeit gewannen: die grüne sei dem Frühling gewidmet gewesen, die rothe dem Sommer, die weiße wegen des Reifes dem Herbste, die blaue dem wolkigen Winter — venetus nubilas hiemi. Das classische Alterthum hat überhaupt kein Wort für das reine Blau gekannt. Das lateinische caeruleus ist von einer Unfaßbarkeit, welche die Philologen zuweilen zur Verzweiflung getrieben hat; es durchläuft eine Entwicklung von schwarz über grau bis gegen blau hin. Die romanischen Sprachen fanden in der That kein verwendbares Wort für blau in der römischen Grundsprache vor, und mußten es zum Theil von den Deutschen borgen. So sind unter Anderem das französische bleu und das ältere italienische biavo bekanntlich unserem blau entlehnt, das selbst, wie gesagt, in der ältesten Zeit schwarz bedeutete.[1]

Eine Parallele pathologischer Art für diese Sonderbarkeit scheint sich uns allerdings in gewisser Beziehung darzubieten. Goethe schildert einen Zustand, den er an zwei Menschen von sonst scharfem Gesicht, nicht über zwanzig Jahre alt, beobachtete, und den er Akyanoblepsie nennt, und daraus erklärt, daß diese Menschen kein Blau sahen. Er ist der Meinung, daß der Himmel ihnen rosenfarb erschien, und alles Grüne in Tönen vom Gelben bis zum Braunrothen, ungefähr wie es uns im Herbst erscheint. „Wenn man," sagt er, „die Unterhaltung mit ihnen dem Zufall überläßt, und sie bloß über vorliegende Gegenstände befragt, so geräth man in die größte Verwirrung und fürchtet wahnsinnig zu werden. Mit einiger Methode hingegen kommt man dem Gesetz dieser Gesetzwidrigkeit schon um Vieles näher." Goethe schildert mit diesen Worten zugleich ziemlich genau das, was man bei einem Versuche empfindet, die Farbenworte der Urzeit auf sichere Werthe zurückzuführen. Ohne eine wirk=

[1] Auch der Koran kennt das Blau noch nicht, soviel und vielerlei auch vom Himmel darin die Rede ist. Dagegen schrieb im neunten Jahrhundert der arabische Philosoph Al-Kindi eine Abhandlung „Über die Beschaffenheit der Sphäre und die beständige lasurartige Farbe, die in der Richtung des Himmels wahrgenommen wird." — In den Edda=liedern wird der blaue Himmel ebenfalls nicht erwähnt; im „Alvis=Lied" wird unter den Namen der Erde „Allgrün (igroen)" aufgeführt, aber unter den daneben aufgezählten Namen des Himmels keiner, der sich auf die Farbe bezieht.

liche Vergleichung beider Zustände zu wagen,[1] muß ich doch
erwähnen, daß mir die Uebereinstimmung in Betreff des
Grünen noch auffallender als in Betreff des Blauen erscheint.

Das Vorkommen der **grünen Farbe** geht um eine
Stufe weiter als die blaue in das Alterthum zurück, um
dann ebenfalls abzubrechen. Grüne Objecte hat es für die
Menschen begreiflicherweise gegeben, so lange auf der Erde
Pflanzenvegetation vorhanden war, und wenn der Himmel
aus heiligen Gründen ihrer Beobachtung nahe lag, so mußte
ihnen die Erde, von der sie und ihre Thiere sich nährten,
nicht weniger angelegen sein. Dennoch geben die zehn Bücher
der Rigvedalieder, bei häufiger Erwähnung der Erde, ihr
das Beiwort grün so wenig, wie dem Himmel blau. Es
wird von Bäumen, Kräutern und Futtergras, von reifen
Zweigen, lieblichen Früchten, nahrungsreichen Bergen, auch
vom Säen und Pflügen öfters gesprochen; von grünem Ge-
filde ist niemals die Rede. Noch auffallender ist die gleiche
Erscheinung im Zendavesta. In diesem Buche steht das Interesse für die Erde und ihre Fruchtbarkeit noch mehr im
Vordergrund; die daraus hervorgehenden Zustände des Volkes
sind auf den Ackerbau gegründet, die Ackerbauer bilden den
dritten Stand neben Kriegern und Priestern. In einer An-
rufung an die personificirte heilige Opferpflanze Haoma heißt
es: „Ich lobe die Erde, die weite, breite, fruchtbare, gedul-
dige, die dich trug; ich lobe das Erdreich, wo du wohlriechend wuchsest." Die Bäume heißen: fruchtbar, schön,
emporgewachsen, mächtig, und endlich auch an einer Stelle
goldfarbig, in Beziehung auf das Gold der Früchte. Was

[1] Vergl. darüber auch den Brief des Dr. Brandis in Goethe's Wer-
ken, 40. Band, S. 49.

die Griechen betrifft, so heißt χλωρός, welches bei Hesiod von einem grünen Zweige gebraucht ist, in den homerischen Gedichten fast überall ganz bestimmt gelb, es wechselt mit ὠχρός, woher unser Ocher. Erst in einem späteren Hymnus auf Apollo tritt uns in demselben Beiworte der Sinn für das Grün des Berges, für den sichtbaren Eindruck der vegetativen Natur entgegen, die wir bis dahin nur von der Seite der Nützlichkeit, gleichsam insofern sie schmeckbar ist, beachtet finden. Doch hat das griechische Wort niemals ganz die Bedeutung dessen, was wir grün nennen, erlangt, sondern immer nur die eines Anfangs dieser Farbe mit Einschluß des Gelben, und noch in dem Aristotelischen Buche von den Farben wird es in Gegensatz gegen das eigentliche Grün gestellt, das durch „grasfarbig" oder „lauchfarbig" umschrieben ist.

Ein merkwürdiges Beispiel von der verschiedenen Auffassung eines Naturgegenstandes zu verschiedenen Zeiten ist der Regenbogen. Aristoteles in der Meteorologie nennt ihn dreifarbig, nämlich roth, gelb und grün. Zweihundert Jahre vorher hatte Xenophanes darüber gesagt: „Was sie Iris nennen, ist ebenfalls eine Wolke, purpurn, röthlich und gelblich zu schauen," wobei er also noch das Grün ausläßt, oder doch nicht scharf bezeichnet. Auch in der Edda wird der Regenbogen als eine dreifarbige Brücke erklärt.

Demokrit und die Pythagoreer nahmen vier Grundfarben an: schwarz, weiß, roth und gelb, eine Anschauung, welche lange im Alterthum Geltung behielt.[1] Ja alle Nachrichten (des Cicero, Plinius und Quinctilian) berichten

---

[1] Die Chinesen nehmen seit alter Zeit fünf Farben, nämlich noch grün, an; das Gleiche findet sich bei arabischen Philosophen.

mit Bestimmtheit, daß die griechischen Maler noch bis in die Zeit des Alexander nur eben jene vier Farben angewendet haben. Man hat dies unglaublich gefunden, da mit solchen Mitteln weder das Grün der Erde noch das Blau des Himmels zur Darstellung gebracht werden konnte. Was man von jener Nachricht auch halten mag, dieser Einwand genügt nach den obigen Analogien nicht, sie Lügen zu strafen. Es hat gar nichts Widersprechendes, anzunehmen, daß jene Zeit zur Darstellung der Farben des Himmels und der Erde ein Bedürfniß noch gar nicht kannte.

Wir haben an einer Stelle des Zendavesta die Blüthen als wohlriechend bezeichnet gefunden: in den Vedaliedern ist mir etwas Aehnliches nicht begegnet. Auch der Sinn für Wohlgeruch — diese Bemerkung wird vielleicht als Analogie für die den Gesichtssinn betreffenden Fragen nicht ganz unbrauchbar gefunden werden — auch der Sinn für Wohlgeruch ist nicht von jeher in der Menschheit vorhanden gewesen. Der Gebrauch des Räucherwerkes beim Opfer gehört (im Gegensatz zu dem jüngeren Jabschurveda) dem Rigveda noch nicht an. Unter den biblischen Büchern tritt der Sinn für Blumenduft erst in dem Hohenliede hervor. Im Paradiese standen nach der Schilderung der Genesis alle Arten von Bäumen, „die lieblich zum Sehen und gut zum Essen waren." Das in äthiopischer Uebersetzung vorhandene apokryphische Buch Henoch (aus dem letzten vorchristlichen Jahrhundert oder noch etwas später) schildert das Paradies ebenfalls, aber es unterläßt nicht, den herrlichen Duft des Baumes der Erkenntniß sowie anderer Paradiesesbäume zu preisen. Daß der Sinn für Wohlgeruch nicht ursprünglich ist, läßt sich auch sprachlich nachweisen; und obwohl es nicht immer gerathen sein mag, die Entwicklung des Kindes mit der Entwicklung des Menschengeschlechtes in eine genaue Parallele zu bringen, so ist es doch in diesem Falle lehrreich zu bemerken, wie gleichgültig Kinder für Wohlgeruch, und selbst Mißgeruch, lange Zeit zu bleiben pflegen. Der Einwand, daß unter den scharfen Sinnen der Naturvölker gerade der Geruchssinn eine hervorragende Rolle spielt, würde nur ein scheinbarer sein. Der Sinn der Witterung vermittelst des Geruchssinnes ist wesentlich verschieden von der Empfindlichkeit für das Angenehme oder Unangenehme, das in der Geruchswahrnehmung selbst liegt, ja beide stehen vielleicht wechselseitig in umgekehrtem Verhältnisse. Für die Thierwelt springt dies von selbst ins Auge. Der Hund zeichnet sich durch Witterungsvermögen aus; aber so viel Schönes und Menschenähnliches im Uebrigen von diesem Thiere gerühmt zu werden pflegt, so möchte doch der größte Verehrer desselben schwerlich in Versuchung gerathen, seinen Hund mit einem Blumenstrauße zu erfreuen.

Auch der Sinn für Wohllaut, die Lust der Gehörempfindung hat eine ähnliche Geschichte. Dieser Sinn ist der Menschheit nicht angeboren. Der Mensch singt nicht, wie der Vogel singt, der in den Zweigen wohnet; es gibt ebensowenig einen Naturgesang, als es eine Naturplastik gibt. Die Kunst hat ihre mühevolle, reflectirte Entwicklung, und mit ihr entwickelt sich die Empfindung. Hier berühren sich die Resultate der Sprachwissenschaft aufs Entschiedenste mit denen der Physik und Physiologie.

Wie gerne würde ich, auf das Gebiet des Farbensinnes zurückkehrend, das Bild in noch so gedrängter Vollständigkeit vor Ihnen zu entrollen versuchen, das sich mir aus tausend

Einzelheiten der Literatur und Sprachgeschichte der Völker ergeben hat! Aber ich darf Ihnen nur noch wenige Augenblicke rauben, um einige Worte über den Farbenkreis des allerfrühesten Alterthums hinzuzufügen. In den ächten alten Vedaliedern gibt es nicht nur kein Grün, sondern auch das Gelb ist nicht die reine Farbe unseres Spectrums. Im Verlaufe der Jahrhunderte sinken die Wörter, welche gelb bezeichnen, zu grün herab, höher hinauf gehen sie selbst wieder aus Wurzeln hervor, von welchen das Gold benannt zu werden pflegt, aus gelbroth und rothbraun. Wenn wir auf den bildlichen Darstellungen in altägyptischen Grabgemächern den schwarz-roth-goldenen Sonnenfächer einhertragen sehen, so erinnert dies an den gewaltigen historischen Hintergrund, welcher für so manches Moderne ein uraltes Vorbild erscheinen läßt. Es scheint wirklich ein schwarz-roth-goldenes Zeitalter in der Geschichte des Gesichtssinnes zu geben; die ächten Rigvedalieder repräsentiren diese Stufe, im Gegensatze zu der weiß-gelb-roth-schwarzen der beginnenden griechischen Naturphilosophie. Weiß ist in diesen Liedern von roth noch kaum gesondert.

Der Umstand, daß die Farbenwörter nach einer bestimmten Reihenfolge entstehen, und überall so entstehen, muß eine gemeinsame Ursache haben. Diese Ursache kann nicht blos in einer anfangs mangelhaften Unterscheidung bestehen, denn in der ältesten Zeit wird die Farbe des Himmels nicht etwa schwarz oder goldgelb, welches die nächst geeigneten Wörter zu ihrer Bezeichnung sein würden, sondern gar nicht genannt. Es scheint vielmehr eine allmählich und gesetzmäßig sich steigernde Reizbarkeit für Farbeneindrücke angenommen werden zu müssen, analog derjenigen, die einem gebildeten

Geschmack grelle Farbencontraste unerträglich macht, die der rohe Geschmack liebt. Auch nimmt vielleicht die Intensität der ursprünglicheren Eindrücke in dem Maße ab, als die Ausdehnung und Vermannigfachung zunimmt. Wenigstens ist der Sinn des Uralterthums für die seiner Anschauung geläufigen Farben ungemein lebhaft und geweckt. Das dreifache Object, welches eigentlich den drei Farbenbegriffen jener Zeit zum Grunde liegt, Nacht, Morgenröthe und Sonne, hat auf die damaligen Menschen einen Eindruck gemacht, den wir kaum mehr begreifen, kaum nachzuempfinden im Stande sind. Der Dualismus von schwarz und roth tritt in sehr scharfen Zügen als eine erste und primitivste Epoche alles Farbensinnes hinter der bisher geschilderten hervor. Aber auch diese dualistische Epoche ist nicht ohne erkennbaren Anfang. Wir können etymologisch auf einen noch älteren Standpunkt gelangen, wo auch die Begriffe schwarz und roth in die unbestimmte Vorstellung des Farbigen zusammenfließen.

Die letzte Entscheidung über das Wesen dieses ganzen Entwicklungsganges wird nur durch das Zusammenwirken zweier Wissenschaftsgebiete gefällt werden können. Sie wird nicht ohne Verwendung der bedeutenden Fortschritte und Entdeckungen möglich sein, welche uns die neueste Zeit gerade für die Erklärung der Farbenperception gebracht hat; aber sie wird es auch nicht ohne Berücksichtigung des ganzen Zusammenhangs der gesammten Sprach- und Begriffsentwicklung und ihres Verhältnisses zu Empfindung und Anschauung. Hier liegt eine ganze Welt von alterthümlichen Resten für unsere Untersuchung geborgen, nicht in Bruchstücken, sondern in stetigen, wohlzusammenhängenden Gliedern. Jede unserer Vorstellungen liegt in einer ganzen Generationenkette vor uns bis zu ihrer primitivsten Urgestalt, und wartet ihrer Hebung durch die Sprachwissenschaft.

Ich habe es gewagt, mit einer Andeutung der Ergebnisse, deren diese Wissenschaft fähig ist, vor Sie zu treten. Möchte es mir gelungen sein, mich auf dem gleichen Boden der Ueberzeugung mit Ihnen, meine Herren, zusammenzufinden, daß der Zeitpunkt gekommen ist, wo Sprachwissenschaft und Naturwissenschaft, der Gemeinsamkeit ihrer Ziele bewußt, sich die Hände reichen müssen. Wie der Organismus, bei aller Doppelseitigkeit seiner Daseinsäußerung, eine ungetrennte Einheit bildet, so kann auch nur die ungetrennte Wissenschaft zu seiner Erkenntniß führen: die Wissenschaft der ganzen, großen und untheilbaren Natur!

Nachschrift. Nicht ohne einiges Bedenken übergebe ich den obigen Vortrag einer erweiterten Oeffentlichkeit. Er konnte nur ein zusammengedrängter und dürftiger Auszug aus umfangreichen Arbeiten sein, die ich schon vor zehn Jahren ausgeführt und seitdem stets gelegentlich geprüft und vervollständigt habe, von denen es mir daher um so deutlicher bewußt sein muß, wie Vieles sachkundige und denkende Leser nach der gegenwärtigen Form zu ergänzen und einzuwenden haben mögen. Um den Schein einer Vollständigkeit zu vermeiden, welche Zeit und Ort des mündlichen Vortrags mir verboten, habe ich auch die genauere Angabe der citirten Stellen hinzuzufügen unterlassen; ich hoffe bald die Veröffentlichung aller einschlägigen Facta vornehmen zu können, und bitte recht sehr, das Urtheil über etwaige Bedenken bis dahin zu suspendiren. Auch auf die allgemeinen Schlußfolgerungen wird eine eingehendere Erwägung mancher Thatsachen natürlich nicht ohne Einfluß bleiben; da dieselben jedoch andererseits auch von der Entscheidung über das Verhältniß von Begriff und Wort, Begriff und Empfindung nicht unabhängig sind, so erlaube ich mir in dieser Hinsicht auf demnächst zu veröffentlichende Untersuchungen über Sprache und Vernunft, wovon der erste Band sich unter der Presse befindet, zu verweisen. Was mir hierzu den Muth gibt, ist die nachsichtige, anerkennende, ja für mich erhebende Weise, in der der vorliegende Gegenstand von einer Versammlung aufgenommen worden ist, die die unbefangensten Denker und Forscher Deutschlands zu Mitgliedern zählt. Die Universalität der deutschen Naturforschung, eine schöne Errungenschaft vielleicht erst der letzten Jahrzehnte, bürgt für ihre immer bedeutungsvollere, alle Interessen der Menschheit in sich aufnehmende Zukunft.

IV.

Ueber die Entstehung der Schrift.

Vorgetragen in der Generalversammlung der D. M. G. zu Würzburg am 3. Oct. 1868.

———

Wenn ich einer Versammlung hochgeehrter Fachgenossen das Problem der Schriftentstehung zu erneuter Untersuchung vorzulegen unternehme, so ist es nicht meine Absicht die Entstehung der Buchstabenschrift oder eines anderen ausgebildeten Systems hier vor Ihnen aufs Neue zu besprechen. Es handelt sich mir hier vielmehr um die vorgeschichtlichen Anfänge der Schrift, soweit sie aus dem Gange, den ihre Entwickelung seit ihrem geschichtlichen Auftreten genommen hat, und aus anderen Analogien zu erschließen sind. Nur in diesem Sinne bitte ich Sie, mir einen kurzen Ueberblick über das, was uns durch historische Entdeckungen über den Ursprung der gegenwärtig bestehenden Schriftsysteme bekannt ist, zu gestatten. Die eigentlichen Alphabete gehen bekanntlich in aller ihrer Mannigfaltigkeit von wenigen Mittelpunkten aus. Wir wissen nicht nur im Allgemeinen, daß unsere europäischen Schriften alle der griechischen und in zweiter Linie einer semitischen entsprungen sind, sondern kennen durch Mommsen's Untersuchungen auch genau den Weg, auf dem sich die italischen Alphabete entwickelt haben. Nicht weniger als das cyrillische der Slaven ist das gothische Alphabet des Ulfilas griechischen Ursprungs, ja auch die Runen sind ohne Zweifel eine wahrscheinlich schon in früher Zeit über Massilia zu den Galliern und von da zu den Germanen gekommene Entwickelungsform aus derselben Quelle.[1] Einen semitischen Ursprung auch der indischen Devanagari hat Albr. Weber sehr wahrscheinlich gemacht, und hiermit ist ein gewaltiger Theil von Asien auf die gleiche Quelle zurückgebracht, da nicht nur die einheimischen Schriftarten Vorder- und Hinterindiens wie Bengali, Urija, Telinga, Tamil, ferner das Birmanische und Javanische, sondern auch das Tibetanische Tochter- oder Schwestersysteme der Devanagari sind. Die Schriften der Mongolen, Tungusen und Mandschu sind, wie schon Klaproth bemerkt hat, aus der syrischen gebildet, und zwar durch Umdrehung und Annahme der scheitelrechten Columnenrichtung der Chinesen. Rechnen wir hierzu die noch erhaltenen Schriftcharaktere des semitischen Grundalphabets selbst in seinen hebräischen, äthiopischen, samaritanischen, Zend oder mittelpersischen, syrischen und arabischen Zweigen; bedenken wir ferner, daß der letztere Zweig von den Türken, Persern, Malaien, dem Hindostani adoptirt worden ist, so müssen wir über die Verbreitungsfähigkeit einer solchen Entdeckung von einem Punkte aus staunen. Lassen Sie mich nur noch der Vollständigkeit wegen die beiden jüngsten und nicht am wenigsten merkwürdigen Ausläufer unseres Alphabetes erwähnen, welche ihm nicht entlehnt, sondern bloß in Folge unbestimmter

[1] Lauth nimmt einen umgekehrten Uebergang der germanischen Runen zu den Galliern an, und giebt zugleich von der Stelle des Tacitus, die auf Unbekanntschaft der Germanen mit der Buchstabenschrift gedeutet worden ist, eine treffende anderweitige Erklärung, indem er sie auf bloßen Briefwechsel bezieht.

Kunde ihm nacherfunden sind: nämlich die Schrift der Tschiroki's erfunden von Sequojah um das Jahr 1823, und die des Negervolkes der Vei, zehn Jahre später von Doalu Bukere. Die beiden Erfindungen bieten interessante Uebereinstimmungen dar: sowohl der indianische als der afrikanische Erfinder wurden durch den Briefverkehr der Europäer zum Nachdenken über die Möglichkeit angeregt; ihre Muttersprache zu schreiben. Beide hatten eine unvollkommene Kenntniß von dem englischen ABC; Beide stellten nicht eine Buchstaben-, sondern eine Silbenschrift auf, und zwar hatte Secquojah, ebenso wie die Beischrift, Anfangs gegen zweihundert Schriftzeichen aufgestellt, reducirte sie jedoch in der Folge bis auf fünfundachtzig. Wenn wir von diesen psychologisch interessanten Erscheinungen der jüngsten Zeit absehen, so sind von sämmtlichen im Gebrauche befindlichen Schriftarten auf der ganzen Erde nur die chinesische und die aus ihr gebildete Silbenschrift der Japanesen von dem allgemeinen Ursprunge aus einem einzigen semitischen Alphabete mit Sicherheit auszunehmen. Aber die ewig denkwürdigen Entdeckungen des gegenwärtigen Jahrhunderts haben uns in der ägyptischen Hieroglyphenschrift eine überaus merkwürdige alterthümliche Parallele zu der chinesischen, in verschiedenen Arten der Keilschrift ferner sehr vollendete Alphabete, in der assyrischen eine die wichtigsten Aufklärungen versprechende Mittelstufe zwischen Wort- und Silbenschrift kennen gelehrt; und daneben steht als ein noch ungelöstes, aber nicht unlösbares Räthsel die Hieroglyphenschrift der Uramerikaner. Sind wir hiermit auf eine letzte, radicale Verschiedenheit gelangt? Haben wir in dem dreifachen Bilderschriftsystem der Aegypter, Chinesen und Amerikaner, in dem gemischten System der

Aſſyrer und endlich in den Buchſtabenſchriften der Perſer und Semiten mindeſtens ſechs ſelbſtſtändige Löſungen der gigantiſchen Aufgabe der Vereinigung des Gedankenausdrucks für das Auge vor uns? Obſchon die Zeit für die bündige Entſcheidung dieſer Frage noch nicht gekommen iſt, ſo kann ich mich doch nicht enthalten, die beſtimmte Ueberzeugung auszuſprechen, daß ein ſolcher ſechsfacher Urſprung der wunderbarſten Kunſt, die dem Menſchen zu ſchaffen überhaupt möglich geweſen, mir undenkbar ſcheint; ja daß was ſich mir ſonſt über einen uralten Verkehrszuſammenhang der ganzen Menſchheit als wahrſcheinlich aufgedrängt hat, ſogar die Verbreitung von einem einzigen Centrum nicht als unmöglich erſcheinen läßt. Das Vaterland des zu ſo großer Verbreitung beſtimmten Alphabets iſt ohne Zweifel Babylon, das wir ſeit Böckh als den Ausgangspunkt des durch das Alterthum verbreiteten und bis auf uns gekommenen Maß- und Gewichtsſyſtems kennen, und deſſen Bedeutung für Aſtronomie und Mathematik vielleicht noch immer nicht genügend gewürdigt iſt. Die Namen der Buchſtaben des hebräiſchen Alphabets ſind chaldäiſch; das Vorkommen des Kameels als Name des dritten Buchſtaben ſchließt wenigſtens das eigentliche Paläſtina aus. Die Phönizier können ſehr wohl die Verbreiter, aber nicht die Erfinder des Alphabets geweſen ſein. Man wird, wenn auch die Mittelglieder noch nicht aufgefunden ſind, nach allen Analogien ſchwerlich geneigt ſein, an eine zweite ſelbſtſtändige Entſtehung der altperſiſchen Buchſtabenſchrift in räumlich ſo großer Nähe zu glauben. Iſt nun aber dieſe perſiſche Schrift von den mit ihr zuſammenhängenden Varietäten der Keilſchrift, insbeſondere von der aſſyriſchen unabhängig entſtanden? Sollte Aegypten

auf die affyrifche Schrift nicht ebenfowohl fchon in der frühe=
ften Zeit haben einwirken können, wie in einer fpäteren Zeit
affyrifcher Einfluß auf die Hieroglyphen bemerklich wird?
Die Aehnlichkeit des Princips der femitifchen Schrift mit
denjenigen Hieroglyphen, die nur den anlautenden Confo=
nanten des im Bilde dargeftellten Wortes ausdrücken, ift
fchon früh von Champollion bemerkt worden¹. Auf der andern
Seite haben die nach Oppert einem fcythifchen oder turanifchen
Volke angehörigen älteften Bilder, die den Keilfchriftformen zum
Grunde liegen, etwas, was wenigftens dem allgemeinen Ein=
drucke nach an die alte Tfchuen=Schrift der Chinefen erinnert.
Es liegt, im Ganzen betrachtet, Nichts vor, was eine Ueber=
tragung einfacher Anfänge eines Schriftfyftems von einem
Volke und Erdtheile zum anderen in einer fehr frühen Zeit un=
möglich machte. Ja, die von Alexander von Humboldt auf=
gefundenen Spuren eines einftigen Verkehrs zwifchen Mexiko
und Oftafien fchließen fogar einen Uebergang der Bilder=
fchrift bis dorthin nicht ganz aus. Da aber dies Alles einft=
weilen lediglich Hypothefe bleiben muß, fo können wir uns
indeffen fehr wohl an der inneren Einheit genügen laffen,
welche, foweit überhaupt eine Schriftart eine natürliche Ent=
wickelung gehabt hat, überall hervortritt. Es darf wohl als

¹ Champollion fpricht fich fchon in feiner lettre à Mr. Dacier dar
hierüber aus. Er fagt: J'oserai dire plus: il serait possible de re-
trouver, dans cette ancienne écriture phonétique égyptienne, quel-
que imparfaite qu'elle soit en elle-même, sinon l'origine, du moins
le modèle sur lequel peuvent avoir été calqués les alphabets des
peuples de l'Asie occidentale etc. Nach Ausführung der Aehnlichkeit
beider Syfteme kommt er zu dem Schluffe: „c'est dire enfin que l'Eu-
rope, qui reçut de la vieille Egypte les éléments des sciences et des
arts, lui devrait encore l'inappréciable bienfait de l'écriture alpha-
bétique".

eine anerkannte, und nur aus Mangel an Quellen nicht immer nachweisbare Thatsache angesehen werden, daß jede Lautbeziehung aus bildlicher Darstellung entspringt. Wie jedes Element der Sprache, auch gegenwärtig ganz abgeblaßte Ableitungssilben, ursprünglich bedeutungsvoll, so ist jedes Schriftzeichen ursprünglich Bild. Aber diese Thatsache darf nicht so aufgefaßt werden, als sei die Schrift aus einer Art von Malerei hervorgegangen, als seien die ersten Darstellungen Gemälde gewesen. Auch wenn wir alle secundären Anwendungen chinesischer und ägyptischer Schriftbilder hinwegdenken, und eine Zeit annehmen, wo die Schrift nur aus den sinnlichen Abbildungen von Dingen, wie Mensch, Sonne, Vogel bestand, so wird sie darum doch nicht, was Mißverstand noch zum Theil bis auf diesen Tag aus den mexikanischen gemacht hat, nämlich auf die Anschauung anstatt auf den Begriff berechnete Gesammtdarstellung eines Ereignisses. Schrift ist ein Zeichen für die Sprache, sagt schon Aristoteles, und diese Definition bewährt sich an den Hieroglyphen bis in ihren ersten Ursprung. Auch da, wo Wort und Sache zusammenfallen, ist das Bild doch nur Zeichen des Wortes; es soll Sprache wecken, an einen Laut, nicht an ein Ding erinnern, durch das Auge für das Ohr, nicht für die Vernunft unmittelbar sprechen. Die Schrift ist nicht zum stummen Betrachten da; sie will gelesen, laut gelesen sein. Die Bilder müssen, wie die Worte zu Sätzen, nicht wie Figuren eines Gemäldes zu einer Gesammthandlung zusammengeordnet werden. Sie stellen auch das verbildlichte Wort in seinem ganzen Begriffsumfange, nicht aber nur von seiner verbildlichten Seite dar. Oder denkt man, das chinesische Bild für Sonne habe jemals das Wort shi nur in der Bedeutung Sonne, und nicht auch in der von Tag bedeutet? Dies ist ganz unmöglich. Die Menschen standen gerade in der ältesten Zeit mit ihrer ganzen Vernunft so völlig unter der Herrschaft des Wortes, daß nothwendig ein Bild eben das, was es hieß, auch bezeichnen, und wie es gelesen klang, auch verstanden werden mußte.

Es ist bekannt, auf welchem Wege die Hieroglyphe zu einem Lautzeichen, ja zu einem Buchstaben heruntersinken konnte. Aber in ihrer frühesten Gestalt bezeichnet sie immer ein Wort, niemals mehr. Das Grundgesetz der Schriftentwickelung ist das allmähliche Selbstständigwerden des Lautes, während im Anfange Laut und Begriff ungeschieden dargestellt werden. Es ist selbstverständlich, daß nicht jedes Wort sogleich zur Darstellung gelangt; zuerst sind es diejenigen, deren Begriff zur Darstellung auffordert, weil er Gestaltetem entspricht. An die Wortbilder schließt sich schon früh ein größerer Inhalt, als in ihrer Zeichnung gemeint sein konnte, welche von einem weit beschränkteren Objecte als dem Begriffsumfange des Wortes ausgehen muß. Dieser Vorgang ist eine Eroberung des Bedeutungsgebietes für ein Zeichen. Es greift innerhalb des gleichen Lautes nach Begriffen hin um sich, die mit dem ursprünglich Bezeichneten zusammenzufallen schienen. Die erste Vermehrung der Zeichen hingegen durch Darstellung solcher Wörter, welche nach Abschluß der Erfindung von Wortbildern, die für die Schrift sind, was die Wurzeln für die Sprache, sich an keines der vorhandenen angeschlossen halten, ist Zusammensetzung zu Gesammtbildern. Die chinesischen einfachen Bilder ⊟ shi, Sonne, und ⽉ jue, Mond, bezeichnen nebeneinandergestellt, das Wort ming, Glanz (⽇⽉). Schwerlich liegt hier eine Abstraction des

Glanzes als Eigenschaft beider Himmelskörper zum Grunde; sondern die zunächst dargestellte Bedeutung des Wortes war wohl Morgen, die Zeit wo die Sonne neben dem Monde zugleich am Himmel steht, das Zusammentreffen von Tag und Nacht; denn so heißt der Morgenstern 'ki-ming (明戶 Schi-king II. 5, 9) eigentlich den Morgen eröffnend, ming-shi der morgende Tag, und der Gebrauch des Wortes für das Zukünftige geht gleichfalls von dieser Bedeutung aus. Eine andere Zeichnung des Begriffes Morgen ist das Bild des Wortes jän, Morgen, Tag, 日, die Sonne über dem Horizonte darstellend. Steht unterhalb dieses Zeichens noch das des Mondes, so daß dieser als unter, die Sonne als über dem Horizonte abgebildet ist, so entsteht 昜 das Bild des Wortes jäng, Sonnenaufgang, heller Himmel, Helle. Die Sonne über dem Monde aber, 易, bezeichnet das Wort i, Wechsel, das sich zum Beispiel in dem Namen des Buches I-King findet; das Zeichen stellt offenbar den Mond dar, der mit der Sonne wechselt, das ist der Wechsel von Tag und Nacht. Aus einem erweiterten Gebrauche der Bilder für gleichlautende, dem Begriffe nach ähnliche, aber dennoch unterscheidbare Wörter scheinen die ersten Lautzeichen hervorgegangen zu sein[1]. Das Zeichen 青 für zing, die blaue

---

[1] Auch Steinthal („die Entwickelung der Schrift", S. 04) findet die Brücke zwischen Begriffs- und Lautschrift da, „wo die Gleichheit des Lautes zweier Wörter mit einer verwandtschaftlichen Beziehung ihrer Bedeutungen zusammentrifft". Die Darstellung des phonetischen Elementes der ägyptischen und chinesischen Schrift und seiner Entwickelung ist wohl der schönste und nach meiner Ueberzeugung wahrste Theil der gestrichen Abhandlung.

und grüne Farbe bezeichnend, verbunden mit dem Zeichen -|-|- für thsao, Gewächs bildet das fast gleichlautende Wort zing blühend, wuchernd (Schi II 3, 2), und mit dem 米 für mi' Reis, Nahrung, das 米 青 für 'zing reif, ausgewachsen, vollendet, tüchtig. Niemals haben die Bilder für Gewächs oder für Reis diese Wörter zing, 'zing bezeichnet; wohl aber ist es wahrscheinlich, daß das die Farbe darstellende Zeichen dereinst auch für sie gebraucht wurde und erst in der Folge den erläuternden und begriffbestimmenden Zusatz erhielt. Dasselbe gilt von 氵青 'zing lauter, von Flüssigkeiten (Schi II 5, 10. 6, G. III 1, 5. IV 3, 2), das mit dem Begriffszeichen 氵 für Wasser verbunden ist. Wir dürfen nicht glauben, daß ein Schriftzeichen jemals von einem Begriffe ohne Rücksicht auf den Laut ausgegangen sei, da in je älterer Zeit um so mehr jener nur in dieser für die Vorstellung vorhanden und der Geist an das Wort geleitet war; nicht die Bezeichnung des Lautes, sondern seine selbstständige Bezeichnung, losgetrennt von dem Begriffe, macht das Wesen der höheren Schriftstufe aus. Alles, was wir von der Natur der mexikanischen Schrift wissen, zeigt uns, daß es sich mit derselben ganz ebenso verhält. Derselbe Unterschied, welcher zwischen den ägyptischen Gemälden und den sie begleitenden Hieroglyphen stattfindet, wiederholt sich ganz ebenso bei den Mexikanern. Es dauerte selbst bei den chinesischen Schriftzeichen lange, bis man sich in Europa zur Erkenntniß des Maßes, in welchem sie Lautschrift sind, erhob. Die französischen Missionäre, die diese Zeichen mit Leichtigkeit lasen, die Sprache, in der sie geschrieben sind, verstanden, und in dem Lande lebten, wo man sie beständig anwandte und das

Princip ihrer Zusammensetzung recht gut begriffen, hatten dennoch die irrigsten Vorstellungen von ihrer bildlichen Bedeutung. Es war erst Abel Rémusat vorbehalten, die richtige Anschauung hierüber zu verbreiten. Welch eine Mühe es gekostet, sich in Betreff der ägyptischen Schrift von dem phonetischen Gehalte der Bilder zu überzeugen, wie vereinzelt und unklar die Aeußerungen der älteren Schriftsteller bis auf Champollion in dieser Hinsicht sind, der seinerseits wieder durch die Aufklärung der chinesischen Schrift gefördert worden ist und sich auf diese mit Recht häufig bezieht, ist bekannt. Wir dürfen uns also gewiß nicht über spanische Berichterstatter wundern, welche die mexikanische Bilderschrift so darstellen, als wenn sie geradezu aus Gemälden bestünde. Es verhält sich aber mit dieser ganz so wie mit den beiden ihr verwandten. Wenn wir diesen Schriften näher treten, so finden wir bei ihnen allen, daß der Gegensatz gegen die unsre zwar immerhin groß, aber doch nicht so unbedingt ist, wie der erste Eindruck ihn uns erscheinen ließ. Wir finden, daß der wahre und unlösliche Gegensatz zwischen Schrift und Malerei in ihr keineswegs aufgehoben ist: das Gemälde stellt die Sache, die Schrift aber das Wort dar, und in diesem Sinne sind die Hieroglyphen der Mexikaner sowohl als die der Aegypter und Chinesen allerdings Schrift, und nicht Gemälde. Was wir somit als eigentliche Erfindung der Schrift bezeichnen könnten, das würde die Sammlung eines kleinen Kreises von Bildern anschaulicher Gegenstände gewesen sein, von denen ein jeder gleichmäßig an das Wort, den Namen des Gegenstandes erinnert. Hier fällt das Schreiben nun allerdings mit dem Zeichnen zusammen, aber doch nicht so, daß wir glauben müßten, es habe eine selbstständige,

nicht symbolische Verwendung der Malerei vorher existirt.
Die Sprache deutet auf einen umgekehrten Weg: unser malen
bedeutet in dem Gothischen meljan zuerst schreiben; von
γράφω gilt dasselbe; das slavische pisatj, auf dessen Verwandtschaft mit dem nipistam der persischen Inschriften
Herr Professor Spiegel aufmerksam gemacht hat, bedeutet
schon bei beiden indogermanischen Völkern schreiben, während das griechische ποικίλος und die bekannten entsprechen-
den Sanskritwörter sich auf Farbe beziehen. Aber welchen
Zweck, welche Veranlassung hatten diese ältesten Zeichnungen?
Man sieht leicht, daß diese Frage von der nach der frühesten Verwendung der Schrift, dem Inhalte des Geschriebenen,
und sogar dem Material, worauf geschrieben ward, unzertrennlich ist. Und hier bietet uns die Sprache wieder einen
wichtigen Fingerzeig. Es ist bekannt, daß die Wörter, welche
schreiben bedeuten, in großer Anzahl nachweisbar von der
Bedeutung ritzen ausgehen. Γράφω und scribo, das englische write, das nordische rista runir, Runen ritzen, unser
reißen, Riß sind naheliegende Beispiele. Von der Sanskritwurzel likh gilt dasselbe. Die älteste Schrift war geritzt.
Aber worauf? Wir sehen sie im fernsten Alterthum auf Felsen
gegraben, wir sehen sie heiligen, monumentalen Zwecken zu-
gewandt. Aber auch das Ritzen in Holz ist vielfältig bezeugt,
und dies scheint für die primitiven Zeiten, in denen die
allerersten Anfänge der Schrift entstanden, sich schon eher
denken zu lassen. Ich erinnere an die chinesischen Holztafeln,
die in dem Schi-king (II, 8) vorkommen, wo ein Krieger
klagt: „wie sollte ich nicht auf Heimkehr denken? Doch ich
fürchte die Schrift auf dieser Tafel", d. h. den auf eine
Holztafel geschriebenen Befehl. Noch einfacher und ebenfalls

viel bezeugt ist das Verfahren, in die Rinde der Bäume, besonders der Birke zu schreiben. Plinius (XVI, 18) berichtet von dem Verfahren der Spione, in die frische Rinde der Bäume Buchstaben zu schneiden, die anfangs nicht sichtbar sind. In unserm deutschen Lache haben wir ein eigenes Wort für ein in einen Baum geschnittenes Zeichen: es ist wahrscheinlich verwandt mit der Sanskritwurzel likh. In Vikramorvaši findet sich eine von Max Müller in seiner history of ancient sanscrit literature besprochene Stelle, wo Urvaši einen Liebesbrief auf ein Birkenblatt, d. h. ein Blatt aus Birkenrinde schreibt. Noch im Simplicissimus ist von einem Buch auf Birkenrinde die Rede. Wenn man aber die Frage scharf ins Auge faßt, welche Gründe die Urzeit so bestimmt darauf verweisen mochten, die so einfache Auftragung der Farbe gegen das Einritzen mit solcher Consequenz zurückzusetzen, wie wenigstens die Etymologie es wahrscheinlich macht, und überhaupt, wenn wir uns ernstlich fragen, was sie zum Schreiben oder Zeichnen zunächst veranlassen konnte, so werden wir uns vielleicht bestimmen lassen, an der Hand der Sprache noch einen Schritt weiter zu gehen. Eine genaue Betrachtung fast aller für den Begriff schreiben verwendeter Wörter scheint es zu einem bedeutenden Grade von Evidenz zu erheben, daß das Schreibmaterial, welches der Sprache bei ihren Benennungen vorschwebt, kein anderes als der menschliche Körper gewesen ist, mit anderen Worten, daß das Schreiben sich aus dem Tättowiren entwickelt hat. Die specielle Richtung, die die Bedeutungsentwickelung in jedem Falle eingeschlagen hat, ist ein Gegenstand, der bei der Entwickelung der geschichtlichen Wurzel eines Wortbegriffes niemals vernachlässigt werden darf. So würde es z. B. ungenügend sein, in γράφω schreiben eine allgemeine Grundbedeutung „graben" aufgestellt zu haben, und sogar geradezu falsch, wenn wir die Vermittlung zwischen beiden Begriffen in Stein- oder Holzschrift suchen wollten. Denn das griechische Wort hat seine bestimmte Geschichte; es hat vor der Specialisirung zu der Bedeutung schreiben bereits eine specielle Bedeutung gehabt, und diese ist nicht die des Meißelns und Behauens von Stein und Holz, sondern ganz bestimmt das Ritzen der Haut. Es hängt begrifflich nicht sowohl mit sculpo, γλύφω, als mit scalpo und γλάφω zunächst zusammen. Homer braucht das Wort mit seinen Ableitungen siebenmal von leichter Verwundung durch Wurfgeschosse, von Verletzung der Haut, Streifen oder Schinden, auch Ritzen durch Dornen; einmal kommt außerdem ἐπιγράφω in der Ilias von dem Zeichen, das auf das Loos geritzt wird, einmal γράφω in der vielbesprochenen Stelle (VI, 167 ff.) vor, wo Proitos den Bellerophon „zu tödten zwar scheut, aber ihn nach Lykien schickt, und ihm traurige Zeichen gibt, nachdem er auf eine zusammengelegte Tafel viel Tödtliches geritzt hatte, und ihm befiehlt, sie seinem Schwiegervater zu zeigen, damit er zu Grunde ginge". Außerdem ist in dem späteren Worte γράπτης runzelig, noch die Beziehung auf die Haut vorhanden. Dem Worte γρίφασθαι, welches Benfey sehr richtig mit scribo schreiben zusammenstellt, gibt Hesych außer der Bedeutung schreiben, noch die lakonisch-dialektischen schaben und rupfen (ξύειν, σκύλλειν). Das hebräische sefer Schrift erklärt sich ebenso aus dem chaldäischen sappar scheren, unispern Scheere, wofür wir nach allen Analogien das Schaben der Haut als Grundbegriff voraussetzen dürfen. Das allgemein semitische Wort katab kommt in einer so alten Zeit als überhaupt von semitischer Schrift die Rede ist (3 M. 19, 28), in dem Verbote vor, tättowirte Schriften auf dem Körper anzubringen, und dabei scheint kelobeï eine ausdrücklich für das Tättowiren bestimmte Ableitung zu sein, welches mithin zugleich als ein allem Anscheine nach bei den semitischen Völkern in religiöser Uebung befindlicher Brauch angedeutet ist.[1]

[1] Herr Prof. Fleischer hat, anknüpfend an den obigen Vortrag, aus dem Bereich des Arabischen weitere Beispiele des Begriffsüberganges von ritzen zu schreiben in beträchtlicher Anzahl hinzugefügt, sich in Betreff von kataba jedoch gegen die Ableitung von dem gleichen Grundbegriffe ausgesprochen, und für denselben vielmehr, unter Vergleichung von kaïlbatun, Heerschar, kaïtaba, eine solche sammeln, antworten — wobei doch wohl schwerlich schon an ein Consscribiren zu denken sei — die Bedeutung verbinden, aneinanderreihen angenommen. Ich will eine solche Bedeutung der betreffenden Wurzel durchaus nicht absprechen, und gestehe gern, daß die von Herrn Prof. Fleischer angeführte Vergleichung höchst beachtenswerth ist. Doch scheinen mir, abgesehen davon, daß man die angeführten Wörter von der Wurzel die „schreiben" bedeutet, gänzlich trennen könnte, da eine Wurzel von doppelter, ganz geschiedener Bedeutung in semitischen Sprachen bekanntlich nichts Seltenes ist, noch zwei Erklärungen zulässig. Erstens könnte die Bedeutung Schar, ebenso wie in dem deutschen Worte, vom Trennen ebensowohl als vom Verbinden abgeleitet sein, und damit auf die für kataba genommene Grundbedeutung des Ritzens zurückgehen, die mit qaṣab, spalten, scheren, ḥaṣab, aushauen, z. B. Schrift in Felsen u. a. zusammenhängen würde. Zweitens aber gibt es einige sichere Fälle, wo der Begriff zählen von schreiben ausgeht, und zwar in dem Sinne von „Striche machen". So bedeutet das Kafirwort bala: schreiben, zählen und rechnen, und endlich auch erzählen; und doch zeigen hier die von der Wurzel gebildeten Wörter mit den Bedeutungen „Zeichen, Flecken, Farbe", daß schreiben die Grundbedeutung ist. Döhne in dem Zulu-Kafir dictionary (Capetown 1857) spricht sich hierüber, im Ganzen sehr richtig, folgendermaßen aus: "The original idea of writing and numbering with the Kafir was that of representing things by a simple figure, and coincides with those of other nations. If a description of a thing was to be given, a certain shape, form, stroke, or line was made in the sand, or in the ground. These were the signs for both writing and numbering, every new number

Das Wort Tättowiren ist dem auf den Marquiseninseln gesprochenen Dialekt des oceanischen Sprachstammes entlehnt;

being represented by another stroke or mark. Or, if this practice was not convenient for counting, one finger of the hand was raised instead of a stroke in the ground. The sense of writing is, therefore, primary, and that of counting, secondary". Man vergleiche hiermit auch die schon erwähnten Bedeutungen rechnen, zeichnen in dem Worte tatau der Marquiseninseln. — Die hier aus ganz entlegenen Sprachgebieten angeführte Begriffsanalogie — über deren allgemeines Wesen ich den ersten Band meines Buches „Ursprung und Entwickelung der menschlichen Sprache und Vernunft" (Stuttgart, J. G. Cotta 1868) zu vergleichen bitte (der obige Vortrag ist ein um viele Einzelheiten verkürzter Auszug aus einem Kapitel des noch ungedruckten zweiten Bandes) — scheint mir besonders auch für die Geschichte der hebräischen Wurzel safar wichtig zu sein, von welcher Fürst mit Recht drei Hauptbedeutungen in folgender Ordnung aufstellt: 1) einschneiden, schreiben; 2) zählen, rig. Einschnitte, Merke machen; 3) erzählen. Während nämlich sofar nur zählen, und sipper (im Piel) zählen und erzählen (spät auch sprechen, z. B. „Adam sprach aramäisch", Sanh. 38b) heißt, und hieran sich die Substantivableitung mispar und einige weniger gebräuchliche schließen, bedeutet sefer meist Buch, oft auch Schriftstück, Brief, an einigen Stellen das Schreibmaterial, worauf geschrieben ward, außerdem aber auch geradezu „Schrift", τὰ γράμματα, z. B.: „Schrift und Sprache der Chaldäer lehren" (Dan. 1, 4); der Prophet Jesaia drückt (29, 11. 12) „lesen können" durch jada' sefer aus. Die Bedeutung „Verzeichniß", wie das Wort etwa 1. Mos. 5, 1 aufgefaßt werden kann, steht in der Mitte zwischen zählen und schreiben; und dasselbe gilt von dem merkwürdigen Worte sofer. Dieses bezeichnete offenbar den Würdenträger, den wir auf ägyptischen und assyrischen Denkmälern mit der Schreibtafel oder Rolle verzeichnend dargestellt finden, und könnte also ebensogut durch Schreiber, als durch Zähler, Verzeichner übersetzt werden. In der nachbiblischen Sprache tritt jedoch eine ganz andere Bedeutung des Wortes auf, nämlich Gelehrter. Nur in Beziehung auf Esra finden wir diese Bedeutung auch an mehreren Stellen der Bibel. Sollte es hier nur eine im Geiste der Zeit mit dem Titel Esra's vorgenommene Umdeutung sein, den er vielleicht in einem ganz anderen Sinne aus Babel mitgebracht hatte? Uebrigens scheint an den betreffenden Stellen mit dem Ehrentitel nur gesagt werden zu sollen, daß Esra gut lesen konnte (s. bes. Neh. Kap. 8 und Esr. 7, 6); höchstens vielleicht, daß er briefen (litteratus) war, in dem Gesetze nämlich; und ich möchte es hier es lautet dort tatu. In der Sprache der Sandwichinseln wird das fehlende t durch k vertreten; das derselben angeeigneter mit „Leser" als mit „Schreiber" übersetzen. Die Bedeutung „Gelehrter" geht ohne Zweifel von sefer im Sinne von Schrift, Lesekunst aus; gelehrt ist ursprünglich, wer lesen und schreiben kann, denn dieser älteste Inbegriff der Grammatik und des Grammatikers (γραμματική, γραμματικός) war eine Zeit lang der aller Gelehrsamkeit überhaupt. Mit der Verwandlung der Zustände nahm sofer nicht nur den Begriff Gelehrter (Schriftgelehrter, γραμματεύς) in sich auf, sondern es stellte sich auch die in γραμματιστής enthaltene Verwendung für Elementarlehrer ein; ja, da die einst seltene Gelehrsamkeit auf die Kinder übergegangen war, so findet sich sogar eine talmudische Stelle (des dritten Jahrhunderts), wo die ABC-Schüler soferim genannt werden (Abb. IV, 18). Eine andere Talmudstelle (Abb. 30) leitet diese (für die Gegenwart damals veraltete) Benennung der „früheren" Gelehrten von der Bedeutung „zählen" ab, als Solcher, die die Buchstaben des Gesetzes gezählt hätten. In dem späteren Hebräisch heißt sofer: Schreiber (scriba, notarius), Abschreiber (des Gesetzes, religiöser Dokumente u. s. w.).

Was nun katab betrifft, so findet sich die Wurzel in der Genesis nicht, wie denn bezeichnenderweise vor dem Auszug aus Ägypten vom Schreiben in der Bibel nicht die Rede ist, und auch sefer nur an der oben angeführten Stelle (1. Mos. 5, 1) in dem Sinne von Verzeichnis vorkommt. In der Folge ist katab bekanntlich die gewöhnliche Verbalwurzel für schreiben, mit welcher das Substantiv sefer sehr häufig verbunden ist. Es finden sich aber auch einige wenige Stellen, wo das Zeitwort nichts als zählen bedeutet; besonders Jes. 10, 19 „die übrig bleibenden Waldbäume werden wenige sein, ein Knabe wird sie zählen (verzeichnen) können"; wobei ja auch mispar in der ersten Hälfte des Verses etc. so viel heißt als „was man zählen kann". Ferner: „Gott wird zählen (jispor), wenn er die Völker verzeichnet: Dieser ist dort geboren" (Ps. 87, 6). Ein solcher Gebrauch von katab geht gewiß nur vom Zählen durch Striche machen, nicht von einem complicirteren Zahlenschreiben aus. Wenn an der zuerst angeführten Stelle das Schreiben der Zahl etwa durch hebräische Buchstaben verstanden werden sollte, so ist zu bedenken, daß danach vierhundert leichter als elf, und nicht viel schwerer als eins zu schreiben ist. Es könnte demnach auch das arabische katbatun wohl auf eine solche primitive schriftliche Zählung zurückgehn und einfach „Zahl" bedeuten, umsomehr als ja auch der sofer der althebräischen Schriften vorzugsweise das Heer zu verzeichnen hatte (s. bes. Jes. 52, 25. 2. Kön. 25, 19. 2. Chron. 26, 11). Ist doch Zählung durch Striche so früh hörige Wort kakau schreiben, ist also nicht wesentlich von jenem tatu verschieden. Auch heißt in der Marquisensprache selbst tatau lesen, rechnen, zeichnen. Ein anderes, beiden Dialekten mit geringer Verschiedenheit gemeinsames Wort ist tiki, auf den Sandwichinseln kiki, tätowiren, malen, schreiben; es heißt ferner Schnitzbild, in welchem Sinne es von „Zeichen" ausgeht, wie signum. Auch ein neuseeländisches Grabdenkmal, in Hochstetter's „Neuseeland" (S. 201) abgebildet, wurde ihm von den Eingeborenen als Tiki bezeichnet. Was die ursprünglichere Bedeutung von tiki betrifft, so ersehen wir sie aus tikao stechen, reizen, tikaua Mücke, tikao und tiko-tiko Sinnenreiz. Nach Wilhelm von Humboldt's Mittheilung (über die Verschiedenheit des menschlichen Sprachbaus S. 406) hat Jacquet bemerkt, „daß bei diesen Völkern die Begriffe des Schreibens und Tätowirens in enger Verbindung stehen".

In Zimmermann's Wörterbuch der Gangsprache, welche von einem Volke der Goldküste von Westafrika gesprochen wird, ist die Wurzel nma erklärt: kratzen, z. B. das Gesicht, Striche oder Zeichen machen, schreiben. Im Birmanischen ist koh (nach Schleiermacher) kratzen, wie die Kinder thun, und schreiben. Derselbe Uebergang findet sich in dem Kafirworte loba.

Um eine ähnliche Verbindung beider Begriffe bei den alten Culturvölkern wahrscheinlich zu finden, müssen wir uns erinnern, wie frühzeitig und verbreitet auch in der alten Welt die Gewohnheit bezeugt ist, den Körper mit eingeritzten

nachweisbar, als Schrift überhaupt, und sogar die Verwendung der Buchstaben des Alphabets als Zahlzeichen schon mit ihm selbst nach Europa gekommen.

Zeichen zu beschreiben. Das Tättowiren selbst kommt bei den wilden Völkern in Europa und Asien ebenso wie in den neuentdeckten Erdtheilen vor. Von den Kabylen wird berichtet, daß sie zur Unterscheidung der Stämme thierische Abbildungen auf der Stirne, der Nase, den Schläfen, oder auf einer der Wangen tragen; diese Tättowirungen werden durch Punctirungen mit feinen in eine ätzende Flüssigkeit getauchten Nadeln gebildet. Ein ähnliches Verfahren zeigt sich überall in Mittelafrika sowohl, als auch auf dem Karolinenarchipel. „Das Tättowiren, sagt schon Herodot (5, 6) von den Thraciern, gilt für vornehm, der nicht Tättowirte für unebel;" etwas genauer schildert dasselbe Xenophon von den Mosynöken (An. 5, 4, 32): „es wurden uns gemästete Kinder vornehmer Eltern gezeigt, die mit gekochten Kastanien gefüttert worden waren. Sie waren sehr zart und weiß, und fast ganz ebenso dick als lang, bunt auf dem Rücken und vorn überall blumenartig tättowirt." Auch auf den ägyptischen Denkmälern von Biban el-molul finden sich tättowirte Menschen dargestellt. Bei Griechen und Römern war, wie wir aus Petronius (Sat. cap. 103 sqq.) sehen, der Gebrauch gewöhnlich, Verbrecher, und was die ursprüngliche Anwendung gewesen zu sein scheint, Sklaven zu brandmarken, und ebenso bei den Persern, von denen z. B. Herodot erzählt, daß sie die thebanischen Ueberläufer bei Thermopylä auf Xerxes Befehl mit dem königlichen Male gebrandmarkt hätten (7, 233). Dieser Gebrauch, dem nur die Absicht des Kennzeichnens zu Grunde liegt, ist aus dem Tättowiren hervorgegangen. Jedenfalls tragen wir mit Unrecht etwas anderes, namentlich ein eigentliches Einbrennen des Zeichens in das griechische Wort. Es ist eben das an den angeführten Stellen für Tättowiren

gebrauchte στίζω; die entsprechende Strafe der Chinesen ist
dieser Grundform treu geblieben: sie besteht darin, daß dem
Schuldigen mit der Nadel Zeichen eingeflochen und dann
durch schwarze Farbe dauerhaft gemacht werden. Dieses Ver=
fahren, welches dem Tättowiren genau gleicht, heißt thsi
京刂 und khing 京刂, 黑刂, 黑京. Das Mandschu=
wort dafür ist ssbsimbi, nach v. d. Gabelentz „brandmarken,
tättowiren, und eine Arbeit mit der Nadel". Vielleicht
schreibt sich der Gedanke der Acupunctur, welche die Chinesen
in unvordenklicher Zeit als Heilmittel anwendeten, aus dem=
selben Vorbilde des Tättowirens her, sofern es für heilig
und heilsam gelten mochte. Pferde wurden bekanntlich bei
den Griechen zur Kennzeichnung ihrer Race mit in den
Schenkel gebrannten Zeichen versehen. Hierzu wurden Buch=
staben verwendet, und wahrscheinlich ist diese Verwendung
bei den Griechen so alt wie die Buchstabenschrift selbst;
wenigstens ist der aus dem Schriftgebrauch früh verschwun=
dene Buchstabe Koppa unter diesen Zeichen. Die Kaukasier
haben noch jetzt ein ganzes reiches Zeichenalphabet, welches
zu keinem andern Zwecke dient, als zu einer eben solchen
Unterscheidung ihrer Pferde.

Der biblische Ausdruck: „ich werde dich (Zion) nicht
vergessen, ich habe dich auf die Hände gezeichnet, deine
Mauern sind mir immer gegenwärtig" — (Jes. 49, 15. 16)
hat die Darstellung des Tättowirens nur vielleicht zum Hinter=
grunde, sowie auch die bekannte Erzählung Herobot's (5, 35)
daß Histiäus, um den Aristagoras verstohlen zur Empörung
aufzufordern, einen Sklaven geschoren, den Brief auf dessen
Kopf geschrieben, und nachdem die Haare darauf gewachsen,

den Sklaven abgeschickt habe, auf einen Ideenkreis deutet, dem es noch nicht ferne liegt, den menschlichen Körper als Schreibmaterial anzusehen. Es verdient nur noch bemerkt zu werden, daß Herodot sich in dieser Erzählung desselben vom Tättowiren und Punciren ausgehenden Wortes ἴστιξε bedient. In formeller Hinsicht steht die Schrift mit der Tättowirung nicht im Gegensatze. Manche Völker zeichnen sich Thierfiguren der verschiedensten Art auf die Haut. Solche Malereien sind also der Form nach wahre Bilder, wie die älteste Schrift. Meistens aber sind die eingeritzten Zeichen linear. Hochstetter sagt von den Grabdenkmälern der Maori, der Eingeborenen Neuseelands („Neuseeland", S. 299): „Es sind aus Holz geschnitzte Figuren von vier Fuß Höhe, welchen Kleidungsstücke oder Tücher umgehängt sind, und an denen die getreue Nachahmung der tättowirten Gesichtslinien des Verstorbenen das Bemerkenswertheste ist. Daran erkennt der Maori, wem das Denkmal gesetzt ist. Gewisse Linien bezeichnen den Namen, andere die Familie, welcher der Verstorbene angehörte, und wieder andere die Person selber. Genaue Nachahmung der Tättowirung im Gesichte ist daher für den Maori soviel als Portraitähnlichkeit, und es bedarf für ihn keiner weiteren Inschrift, um zu erkennen, welcher Häuptling hier gestorben". Die Art der Zeichnung ist hier linear, und es ist bemerkenswerth, daß die Wörter für schreiben ebenfalls zunächst die Grundbedeutung Striche machen zu haben pflegen. Aus dem Griechischen γράφω z. B. entwickelt sich ebenso unmittelbar der Begriff Linie, Strich — γράμμη — als Schrift und Bild.

Ein seltsamer Ueberrest wahrer Tättowirung hat sich mitten in unserer Civilisation noch erhalten. Unter den euro-

päischen Matrosen, zum Theil auch unter den Soldaten, ist
eine förmliche, von eigenen Kunstverständigen mittels eines
Instrumentes, das, dem von Cook geschilderten durchaus ähnlich,
aus aufgesteckten Nadeln zusammengesetzt ist, geübte farbige
Tättowirung gebräuchlich. Sie zeichnen sich so Sinnbilder
ihres Standes, auch wohl förmliche Schrift auf Arme und
Brust. Es ist dies ohne Zweifel Nachahmung der Wilden.

In manchen dem Begriffe „schreiben" dienenden Wörtern
begegnen wir einem gewissen Schwanken zwischen der Grund=
bedeutung einkratzen und färben. Es erklärt sich dies viel=
leicht eben daraus, daß das Tättowiren beides zugleich, und
sogar durch das aus der Wunde fließende Blut, beides schon
in seinem rohesten Ursprunge zugleich war. Von dem eigenen
Körper wurden die Schriftzeichen vermuthlich zunächst auf
Gegenstände übertragen, denen sie als Zeichen dienen sollen.
Es wird sogar erzählt, daß manche Indianer die sogenannten
Totem, d. h. symbolische Bilder ihrer Stämme, wozu Thier=
bilder wie Bär, Büffel u. dgl. dienten, zur Bewahrung der
Stammbäume in Bäume, Ruder, Kähne und Waffen nach
der Ordnung einschnitten. Dies ist schon Schrift zu bloßer
Erinnerung, ohne Beziehung auf den Gegenstand, worauf
geschrieben wird. Man hat die ägyptischen Tempel und
Palastwände, wegen der Masse der Schriftzeichen, mit wel=
chen sie über und über bedeckt sind, mit Büchern verglichen;
die mächtigen beschriebenen Felsen zu Persepolis und Bisitun
enthalten ganze Geschichtswerke; warum sollen in einfacheren
Verhältnissen nicht Bäume oder auch Thiere einem ähnlichen
Triebe dienen? Die Lösung der Rinde von einem beschriebenen
Baume, des Felles von einem mit Zeichen versehenen Thiere
würde zugleich der erste Schritt zur Selbstständigmachung der

Schrift, gleichsam die Erfindung des ersten Buches gewesen sein. Bei den Neuseeländern, welche ein Alphabet von vierzehn Buchstaben von den Engländern angenommen haben, herrscht gegenwärtig die Sitte, auf die Blätter von Flachsbüschen mit Muschelschalen ihre Namen oder Grüße an ihre Freunde zu schreiben. „Die Dinka-Neger," so erzählt Mitterrutzner, „ritzen oder schneiden oft die rohen Umrisse von Menschen, Krokodilen, Schildkröten und anderem Gethier mit einem Dorn oder spitzigen Eisen in weiche Kürbisschalen. Dieses Eingraben nennen sie gor. Sahen sie nun einen Missionär schreiben, so hieß es jen a gor, er gräbt ein, ritzt ein, zeichnet." Die ältesten erhaltenen chinesischen Schriftreste sind Aufschriften auf Weihgefäßen, und insofern die Aufschrift jedenfalls ein Zeichen sein sollte, und ein möglichst bleibendes, so erklärt es sich schon hieraus, warum sie anfänglich nicht aufgetragen, sondern eingeritzt werden mochten. Eine verwandte Vorstellung scheint sich von jeher mit dem Begriffe „Zeichen" verbunden zu haben. Signum z. B. ist, wie G. Curtius treffend aus sigillum geschlossen hat, zunächst ein eingegrabenes Zeichen; Ebel hat signum aus stignum erklärt, und, mit Unrecht, wie ich glaube, diese schöne Erklärung später zurückgezogen. Signum tritt dadurch nicht nur mit goth. taikns, dem englischen token, unserem Zeichen zusammen, sondern auch mit stechen und στίζω, der besprochenen ächt griechischen Bezeichnung des Tätowirens. Daß von Zeichen zeichnen, von signum dessiner abgeleitet wurde, führt uns aufs Neue auf den symbolischen Zweck, der mit dem Zeichnen zuerst verbunden war. Ein Gegenstand, ein Thier, ein Mensch wurde gezeichnet, mit einem Zeichen versehen, welches kenntlich machte, als Besitz bezeichnete, oder auch weihte. Es gibt eine solche Weihung durch Aufdrückung eines Zeichens, welche noch primitiver, als die bisher geschilderte und zugleich in ihrem Zwecke sehr durchsichtig ist. Ich meine die sogenannte rothe Hand der Indianer. Schoolcraft hat dieselbe auf Rinde, auf Thierfellen, auf Holztafeln, aber auch auf dem Körper von Tänzern als heiliges Sinnbild dargestellt gefunden. In dem letzten Falle wurde das Bild durch Abdruck einer mit Thon beschmierten Hand auf der Brust, der Schulter und andern Körpertheilen hervorgebracht. Was diese bei den Indianerstämmen sehr allgemein verbreitete Hand bedeuten mag, wird Demjenigen, welcher die strahlenden Hände des Sonnengottes auf ägyptischen Darstellungen gesehen, oder in den vedischen Liedern vom goldhändigen Savitri gelesen hat, kaum zweifelhaft bleiben. Die rothe, oder auch wohl weiße Hand, mit welcher ein Gegenstand und selbst der Körper eines Menschen auf die einfachste Weise bemalt und geweiht wird, ist schwerlich etwas Anderes als die Sonne.

So gewaltig der Weg von einem solchen fast wie durch eine zufällige thierische Spur aufgedrückten Zeichen bis zu unserem Alphabete von vierundzwanzig Buchstaben ist, in welchem der schwache Rest einer Hand nicht mehr und nicht weniger, als den Laut i oder j bezeichnet, so glaube ich doch, daß der Ursprung der Schrift sich ohne allzugroße Lücken auf diesem Wege erklären läßt. Die Einritzung der Zeichen zum Zwecke der Dauer, ihre Vervielfältigung, ihre mehr monumentale Anwendung, ihre erweiterte Geltung als Lautzeichen, ihre Anordnung zu einer Art System bei einem oder mehreren genialen Völkern, das Alles enthält einen zwar bewundernswerthen, aber nicht mehr geradezu wunderbaren

Fortschritt. Ebenso ist der Uebergang von einem ägyptischen Hieroglyphensysteme zur wirklichen Buchstabenschrift gewiß nichts weniger als undenkbar. Die späteste Gestaltung der ägyptischen Schrift, die sogenannte demotische, obwohl nur ihre letzte cursivische Verkürzung, macht äußerlich den Eindruck einer Buchstabenschrift und wurde für eine solche gehalten, ehe man in den Hieroglyphen ein lautliches Princip zu suchen wagte. Wir haben zunächst diesem Eindruck und der unter seiner Herrschaft versuchten Entzifferung von de Sacy und Akerblad die Entzifferung auch der Hieroglyphen und die Wiedererweckung der ägyptischen Sprache und Urgeschichte überhaupt zu danken. Was das Wesen, die Anwendung der hieroglyphischen Zeichen betrifft, so müssen wir bedenken, daß die der Buchstabenschrift nächste Verwendung der Hieroglyphen, nämlich die mit der Geltung des Anfangslautes, grade in fremdsprachlichen Namen unbestritten gebräuchlich ist, und daß die Aegypter, wenn sie ihre Schrift auf eine semitische Sprache hätten anwenden wollen, dies gewiß nach jenem Princip gethan haben würden. Der große Schritt bis zu einer wirklichen Buchstabenschrift besteht darin, daß diese für einen Laut nur ein einziges Zeichen hat, wogegen der Hieroglyphenschrift, auch wenn sie streng alphabetisch verfährt, doch immer eine Auswahl zwischen den verschiedenen Bildern übrig bleibt. Ohne die Reducirung phonetischer Hieroglyphen auf die möglichst geringe Anzahl würde also das Alphabet anstatt zweiundzwanzig viele Hunderte von Buchstaben gehabt haben, und diese Reducirung würde also dasjenige sein, was wir als Erfindung der Buchstabenschrift gelten lassen könnten. Kenner der ägyptischen Schrift wissen, daß zu einer solchen Vereinfachung innerhalb der hieroglyphischen Orthographie selbst Anhaltspunkte gegeben sind, welche übrigens, weit entfernt eine bewußte Wahl gewesen zu sein, vielleicht das Produkt einer im Laufe von vielen Jahrhunderten vollzogenen Entwickelung sein kann.

Wenn wir, anstatt von einer gänzlich instinctiven, ihrer letzten Ziele völlig unbewußten Entstehung der Schrift auszugehen, dem menschlichen Verstande die Aufgabe stellen wollten, diese wunderbare Kunst zu schaffen, so würden wir in dieselbe Unmöglichkeit gerathen, als wollten wir die Sprache der menschlichen Vernunft und Reflexion entstammen lassen. Wenn die Sprache Erfindung wäre, so müßte die Weisheit der Menschen vor Erfindung der Sprache unendlich größer als die gegenwärtige gewesen sein. Wie in der Sprache, so können wir auch in der Schrift, obschon sie noch in fast geschichtlicher Zeit ihre Ausbildung erlangt, mit allem in ihr liegenden Verstande nicht selbst ein Werk des Verstandes, sondern nur eine jener instinctiven Schöpfungen des menschlichen Geistes erkennen, welche, ob zwar Producte einer vernunftlosen Entwickelung, doch die höchste, bewundernswürdigste Vernunft, eben wie die Wunder der Natur um uns, in sich bergen.

V.

Die Entdeckung des Feuers.

Gesprochen am 25. März 1870 in der Museumsgesellschaft zu Frankfurt a. M.

Unter den Gütern, die der Mensch seit uralter Zeit sein eigen nennt, sind einige ihm so unentbehrlich, ja von seinem Wesen unzertrennlich, daß es ihm leichter wird zu glauben, er habe sie von jeher besessen, als sich eine Vorstellung darüber zu bilden, wie er sie erworben haben möge. Das allgemeinste unter diesen rein menschlichen Gütern, die Sprache, steht noch völlig innerhalb des Gebietes der Naturgewalten. Wenn der Mensch einmal angefangen hat, sie zu besitzen, so konnte sie ihm nur erwachsen sein, nicht von ihm entdeckt oder erfunden. Anders verhält es sich mit den eigentlichen Culturgütern der Menschheit. So unmöglich es z. B. ist, die Buchstabenschrift aus einer bewußten Erfindung abzuleiten, weil eine solche Erfindung eine übermenschliche Weisheit voraussetzen würde, welche den Erfinder erkennen ließ, daß Alles, was wir sprechen, nur tausendfältige Combination von vierundzwanzig Lauten ist: so kann die Schrift doch auch wieder nicht ohne Zuthun denkender Ueberlegung entwickelt sein. Der Mensch ist vielleicht von Natur ein sprechendes Wesen,

ein schreibendes gewiß nicht. In noch höherem Maße gilt
dies von den materiellen Schöpfungen, von den Geräthen
und Werkzeugen, mit denen die menschliche Gattung ihr Da=
sein umkleidet und erhöht hat. Ein jeder dieser Gegenstände
muß, wenn auch in noch so roher Urgestalt, doch irgend
einmal zuerst dem Menschen dienstbar geworden; es muß der
Gedanke von dessen Brauchbarkeit in irgend einer Generation
zuerst aufgeleuchtet sein; und so groß der Gegensatz einer
Dampfmaschine unserer Tage mit dem ältesten Steinhammer
immer sein mag: dasjenige Geschöpf, welches zuerst seine
Hand mit einem solchen Werkzeuge bewaffnete, welches viel=
leicht einen Fruchtkern zum erstenmale auf diese Weise einer
harten Schale abgewann, es mußte, so scheint es, einen Hauch
jenes Geistes in sich verspüren, welcher einen Entdecker unserer
Zeit unter dem Aufblitzen eines neuen Gedankens beseelt:
und in diesem Sinne dürfen wir es wohl wagen, auch die
Bereitung künstlichen Feuers eine Erfindung, eine Entdeckung
zu nennen, obwohl auch von dem Feuer dasselbe wie von
den charakteristisch unterscheidenden Erwerbungen des Menschen
im Gegensatze zum Thier überhaupt gilt: daß sie in der That
zu groß, zu folgenreich für das ganze Geschick der Gattung
erscheinen, als daß wir nicht zweifeln müßten, sie auf einen
menschlichen Ursprung, auf eine Entdeckung des Menschen=
geistes zurückzuführen.

Das Feuer gehört zu den unterscheidenden Besitzthümern
des Menschen, ohne welche wir uns keine Menschheit denken
können, wie Werkzeug und Geräthe, wie Sprache, wie Re=
ligion. Alle Berichte über Völker, die es nicht kennen sollten,
haben sich als fabelhaft, ja undenkbar herausgestellt. Aber
sicherlich nicht weniger undenkbar ist es, daß ein Thier sich

Feuer bereite, ja auch nur sich dessen bediene. Die Wirkung desselben auf die höhere Thierwelt ist Schrecken; der Wolf, der Löwe, der Elephant, sie werden durch Feuer von den Lagern der Menschen ferngehalten. Und wenn wir in dem Genie nicht bloß eine höhere intellectuelle Begabung, sondern auch die Kühnheit bewundern, das noch von Niemandem Gedachte denken, das noch nie Gethane unternehmen zu wollen, so war es wahrlich eine geniale That, als der Mensch der gefürchteten Gluth sich nahte, als er die Flamme an der Spitze des entzündeten Holzscheites vor sich her über die Erde trug, ein Wagniß ohne Vorbild in der Thierwelt und in seinen Folgen für die Entwickelung menschlicher Cultur wahrhaft unermeßlich. Wenn das Alterthum in jenem Heros der allbekannten Sage, in Prometheus, der das Feuer vom Himmel herabgebracht, den Schöpfer aller Cultur erblickte, so werden wir in dem Zeitalter der Industrie, wir, denen das Feuer Millionen von Menschen- und Thierkräften ersetzt, nur geneigt sein, eine solche Gabe noch höher zu schätzen. Aber wir sind auf dem Gebiete materiellen Fortschrittes der großen Menschenthal zu sehr gewohnt, als daß wir der Götter und Halbgötter für die Anfänge unserer Culturgeschichte zu bedürfen glaubten; wir suchen nach einem Motive, das der in unserer Zeit so mächtigen verständigen Betriebsamkeit einigermaßen ähnlich sein möchte, und (seltsam genug, bei einem Gegenstande so unendlich vielfältigen Nutzens wie das Feuer) wir werden uns gestehen müssen: ein solches Motiv, einen praktischen Grund, auf die Erfindung zu sinnen, oder auch nur sich zu bemühen, des Feuers zu praktischer Verwendung habhaft zu werden: ein solches Motiv hat es für die Urzeit schwerlich gegeben.

Es mag nahe liegen, sich irgend einen zufälligen Anstoß auszudenken, etwa einen durch Blitzstrahl entzündeten Gegenstand, einen Waldbrand, der dem Menschen die Flamme zuerst von selbst in die Hand gespielt habe, deren er sich alsdann schon mit Nutzen zu bedienen gelernt haben werde.

Allein, wenn auch vielleicht wenig Gewicht darauf gelegt werden möchte, so ist es doch wohl immer bemerkenswerth, daß jene Zufälle gerade da am wenigsten eingetreten sein können, wo man noch am ersten Veranlassung fand, sich des vorhandenen Feuers auch wirklich zu bedienen. Nicht nur ist es gerade ein warmes Klima oder eine warme Temperatur, die solche Zufälle begünstigt, sondern es ist auch wohl kaum zu bezweifeln, daß die Urheimath des Menschengeschlechtes in warmen Gegenden, wo nicht gar in der heißen Zone, in der Nähe des Aequators, zu suchen sei. Aber was war ihm dort die durch Blitz entstandene Flamme? Keine Nothwendigkeit machte sie ihm der Erhaltung werth. Die Zubereitung seiner Nahrung konnte es nicht sein, was ihm das Feuer wünschenswerth machte; er mußte lange ohne diese Zubereitung sich genährt haben, und ohne Erfahrung und Ahnung, daß das Feuer ihm hierzu förderlich sein werde. Die Naturforscher sind darüber uneinig, ob die früheste Nahrung des Menschen animalisch oder bloß vegetabilisch gewesen sei. Allerdings halte ich es, geschichtlich und sprachlich betrachtet, für zweifellos, daß seitdem der Mensch Mensch ist, er sich vom Fleische der Thiere genährt hat. Es ist vielleicht nicht die Natur, auf die wir uns für die Tödtung der Thiere zum Zweck unserer eigenen Erhaltung berufen können; es ist vielleicht nur Gewohnheit, was uns diese Nahrung jetzt unentbehrlich erscheinen läßt, die schon im Alterthume und mehr noch in Indien ernste Bedenken aufregte, eine Gewohnheit, die auch von uns, je mehr wir uns theilnehmend in das Verständniß der thierischen Seele versenken, mindestens als ein Widerspruch gegen unser zärtestes Wollen bedauernd empfunden wird: allein wir können uns nicht verläugnen, daß diese Gewohnheit jedenfalls eine sehr alte ist. Dies geht schon daraus hervor, daß Begriffe, wie Fleisch, Leib, auch wohl Thier, fast allenthalben von dem der Speise ausgehen, daß die Sprache thierische Speise demnach ganz bestimmt voraussetzt, und daß dieselbe also, seitdem die Sprache überhaupt solche Worte hat, gewöhnlich gewesen sein muß.

Nicht nur unser eigenes Wort und das englische meat kommen von Wurzeln mit der Bedeutung essen, sondern auch das französische chair, obwohl es nach dem gegenwärtigen Sprachgebrauche gerade das Fleisch als Speise nicht bedeutet. Das edle griechische Wort sarx, das auch in Sarkophag den ersten Theil der Zusammensetzung bildet; es heißt ursprünglich gar nichts Anderes als ein abgezupfter Bissen. Wenn wir von einem sarkastischen Lächeln sprechen, so haben wir keine Ahnung, wie dies mit jenem erwähnten Worte sarx zusammenhängen könnte, und die Griechen hatten sie auch nicht. Sarkasmus ist aber eigentlich nicht die feine Bitterkeit, die wir damit bezeichnen, es ist ein grinsendes Hohnlachen, eine Verzerrung des Mundes, oder ein Zähnefletschen, und dies bildet den Uebergang zu dem Begriff mit den Zähnen an einem Fleischstücke zerren, woraus dann jene in dem Sprachgebrauch durchaus edel gewordene Benennung des Fleisches sich entwickelt hat. Zu Logon in Central-Afrika heißt thá Nahrung, thu Fleisch und thí Rind. Bei andern afrikanischen Stämmen gibt es nur ein Wort für Fleisch und Thier, und der Fisch heißt Wasserfleisch.

Und was uns die Worte errathen lassen, stimmt mit Allem überein, was wir von der Lebensweise der wilden Völkerstämme in vergangenen und gegenwärtigen Zeiten wissen. Der Mensch auf der rohesten Stufe nährt sich überall von der Jagd, wozu seltener der Fischfang kommt; erst von der Jagd geht er zum Nomadenleben, zur Viehzucht über. Aber es würde voreilig sein, wenn man aus dem unbestreitbaren Ueberwiegen der Fleischnahrung in der menschlichen Vorzeit auf eine Bereitung derselben durch Feuer schließen wollte. Noch heute verzehren manche Indianerstämme, z. B. in Florida, ihre Jagdbeute roh, und von den Hunnen wird bekanntlich berichtet, daß sie ihre Nahrung ohne Feuer mürbe zu machen wußten. In der Sprache ist keine Spur zu finden, daß dem Genusse der Fleischnahrung eine derartige Zubereitung vorangegangen sei. Was kann in dieser Hinsicht täuschender sein, als unser Wort Braten? Wer sollte zweifeln, daß es sich hier wirklich um Gebratenes handelt? Und doch ist es selbst in diesem Worte nicht so; wir haben hier eines jener seltsamen Verirrwörter vor uns, die uns einen ganz andern Sinn geben, als ihren ersten Erfindern. Braten bedeutet in der älteren Sprache nicht mehr und nicht weniger als Fleisch und zwar auch das des lebenden Thieres, es kommt nicht von unserem gegenwärtigen „braten," sondern von einer gleichlautenden Wurzel, die „essen" bedeutet und sich auch in Wildpret findet. Auch Brot stammt von derselben Wurzel, und man kann die Bemerkung machen, daß Benennungen des Brotes öfters in solchen Worten bestehen, die in älterer Zeit Fleisch bedeutet haben. Werfen wir einen

Blick auf die Verwendungen des Feuers zur Bereitung der Nahrung in ihrer geschichtlichen Aufeinanderfolge, so ist das eigentliche Kochen die jüngste dieser Bereitungsarten; auf den Inseln der Südsee fand sich eine Vorstufe dazu in der Dämpfung der Speisen in Gruben, die durch glühende Steine erhitzt waren; die älteste, unmittelbarste Zubereitung ist das Braten, und noch Homer kennt für die Mahle seiner Helden keine andere. Auch die Getreidefrucht wurde keineswegs von jeher gebacken, sondern lange Zeit nur in gerösteten Körnern verzehrt, wie sie sich z. B. auch in Pfahlbauten gefunden haben. Die Sprache führt noch einen Schritt weiter; die Wurzel, von der unser Wort kochen stammt, zeigt in den verwandten Sprachen nicht nur den Begriff braten, sondern auch den des Sonnenbrandes, sowie den des Reifens, des Weich- und Genießbarwerdens von Früchten, und ebenso ist z. B. auch im Mexikanischen icuxitia kochen eine Ableitung von icuci, reif werden. Solche Spuren deuten auf eine noch innerhalb der Sprachentwickelung liegende Zeit, wo das Feuer noch nicht zwischen den Erzeugnissen von Wald und Feld und dem menschlichen Nahrungsbedürfniß vermittelte.

Welches Ereigniß mag wohl zuerst dem Menschen die Augen geöffnet und ihm ein Mittel gezeigt haben, durch welches er sich von der Ungunst der umgebenden Natur in so vielfacher Hinsicht unabhängig zu machen lernte? Es ist gewiß, daß nicht nur der Frost, sondern mehr wohl noch der Nahrungsmangel ihn verhindert haben würde, die Erde über seine ursprüngliche Heimath hinaus zu bevölkern, wenn er es nicht verstanden hätte, in dem furchtbarsten der Elemente eine wohlthätige Macht zu erkennen, und sie in erweitertem Kreise die Dienste der Sonne verrichten zu lassen, die ihn

bis dahin erwärmt und zum Theil auch genährt hatte. Scheint die Geschichte uns über die Veranlassung eines so bedeuten=
den Umschwunges in der menschlichen Lebensweise auch im Dunkel zu lassen, so stehen uns doch über die Art, wie das künstliche Feuer bereitet wurde, sehr weit gehende und be=
deutsame Beobachtungen zu Gebote, und es ist alle Ursache vorhanden, zu glauben, daß wir die ursprüngliche, die wirk=
lich älteste Art der Feuerbereitung in dem Verfahren vieler Naturvölker selbst noch vor Augen haben. Man hat bei den Botocuden in Brasilien, wie bei nordamerikanischen Stämmen, bei den Grönländern und in Neuseeland, auf Kamschatka wie bei den Hottentotten übereinstimmend die Gewohnheit gefun=
den, Feuer durch Quirlung oder Bohrung aus zwei Holz=
stücken zu gewinnen. Das einfachste, aber auch das müh=
samste und zeitraubendste Verfahren ist dies, daß ein Holz=
stab senkrecht auf ein horizontales anderes Holz gesetzt und schnell zwischen den flachen Händen wie ein Rollholz hin und her gedreht wird, bis die losgedrehten Spänchen Feuer fangen und bereitgehaltene Baststreifen entzünden.

Wenn die Verwendung dieses Feuerzeuges auf so vielen entfernten Punkten schon einigermaßen überraschen kann, was werden wir erst sagen, wenn wir es in älterer Zeit auch in Arabien, China, Indien, Griechenland, Italien, ja in Deutschland wiederfinden? Es ist das Verdienst der verglei=
chenden Mythologie, das Vorhandensein des Reibfeuerzeugs für die indogermanische Urzeit nachgewiesen zu haben, also für jene unbestimmbar ferne Zeit, wo ein Drittheil der Mensch=
heit, darunter fast die ganze gegenwärtige Bevölkerung von Europa, nur noch eine einzige Horde bildete; und es zeigt sich sofort, daß bei den Indogermanen schon damals das

Feuer im Wesentlichen ebenso, wie noch in diesem Jahrhundert in Amerika und auf den Südseeinseln bereitet worden ist. Das Verfahren, durch welches das heilige Feuer in Indien noch jetzt entzündet wird, besteht in einer Quirlung, welche nach der Schilderung von Augenzeugen der ebenfalls dort noch üblichen Bereitung der Butter durch Umdrehung eines Rührstabes inmitten der Milch vollkommen gleicht. Es wird nach Stevenson's Beschreibung ein Holz in ein anderes gebohrt, indem man mit einem Ruck der einen Hand eine daran befestigte Schnur zieht, indeß die andere nachläßt, und so abwechselnd, bis das Holz Feuer fängt, das dann von einem dabeistehenden Brahmanen mit Baumwolle oder Flachs aufgefangen wird. Man wird sich gestehen müssen, daß diese Art der Feuerbereitung sehr wohl zu dem Charakter einer Zeit stimmt, wo der Mensch nicht nur kein metallenes, sondern auch noch kein steinernes Werkzeug besaß; also einem Holzzeitalter, wie es der Steinzeit vorausgegangen sein muß, völlig angemessen ist. Ein primitiveres Verfahren ist schwerlich vorauszusetzen. Aber dennoch ist es nicht einfach, nicht naheliegend genug, um sich so ganz übereinstimmend auf mehreren Punkten der Erde unabhängig von einander einzustellen. Wenn wir auch den Weg nicht kennen, auf dem sich das Bohrfeuerzeug von Indien und Australien bis nach Südamerika verbreiten mochte, so ist es doch schwerlich mehreremale in ganz gleicher Weise erfunden worden. Es gibt manche räthselhafte, aber nicht wegzuläugnende Spur einer uralten Verbindung zwischen Ostasien und Mexiko; was die australische Inselwelt betrifft, so ist die Einwirkung Indiens auf dieselbe durch Sprachbestandtheile und Sagen deutlich nachweisbar, ja es reicht eine Kette der Ueberlieferung und Ent-

lehnung über diese Inseln bis nach Madagaskar und Mittel-
afrika, und man findet indische Fabeln und Mährchen bei
Kaffern und Negervölkern wieder, die auf keinem andern
Wege dahin gelangt sind, und die uns ein Wink sein können,
nicht zu rasch darüber zu entscheiden, bis in welche Fernen
die Wirkung des Menschen auf den Menschen möglich ist.
Einmal an einem Punkte entdeckt, mußte das Feuer von
Ankömmlingen begabterer Stämme unter die tieferstehenden
weiterverbreitet und bald über die ganze Erde getragen werden.
Die ansteckende Gewalt der Ideen ist auch für die Urzeit
größer, die Isolirung der Völker kleiner, als man häufig
glaubt. Neben den gewaltigen Unterschieden der gleichzeitig
neben einander bestehenden Culturstufen gibt es jederzeit auch
eine Wechselwirkung innerhalb der gesammten Menschheit,
welche allzugroße Gegensätze nicht zu lange unausgeglichen
neben einander bestehen läßt. Wie in der neueren Zeit die
Feuerwaffe unaufhaltsam vorgedrungen ist, so konnte eine
weit bedeutungsvollere Umwandlung des äußeren Lebens der
Vorwelt dem langsamen Umsichgreifen von Wohnstätte zu
Wohnstätte unmöglich entgehen, und früher oder später mußte
der wunderbare Anblick eines nächtlichen Lagerfeuers eine
allgemeine Nachahmung bis in die fernsten Winkel der be-
wohnten Erde wecken, und hätte sie über die Polarregion,
wo Grönländer und Eskimos das Bindeglied bilden, von
einer Hemisphäre zur andern dringen müssen. Wenn wir
uns aber in den allerdings weit hinter uns liegenden und
für unsere Anschauungen darum vielleicht etwas befremd-
lichen Zustand des Menschengeschlechtes versetzen, wo es im
Ganzen noch ohne Feuer lebte und dasselbe als eine neue
Erfindung von einem bevorzugten Stamme erst zu lernen

hatte, so wird es uns wenigstens nicht unglaublich scheinen, daß mit dem Gebrauche des Feuers auch zugleich die Art seiner Bereitung, das primitive Feuerzeug der Urzeit, sich verbreitet habe.

Während so manche Naturvölker der Gegenwart uns durch Erhaltung des Bohrfeuerzeugs in alltäglichem Gebrauche die lebendige Anschauung urzeitlicher Verhältnisse gewähren, so kann uns der heilige Gebrauch, den die Brahmanen von demselben machen, die Geschichte dieses bedeutsamen Geräthes erschließen. In der Zeit, da die ältesten indischen Lieder entstanden, wurde in der Frühe des Morgens alltäglich von den Priestern das heilige Feuer entzündet; mit der größten Sorgfalt wurden die vorgeschriebenen Maße zweier gleich großen Holzstücke, des Zapfens, welcher von dem einen ausgehend auf das andere aufgesetzt wurde, des Strickes, welcher zur Drehung diente, beobachtet, und auch die Wahl des Holzes war nicht gleichgültig; es war für die Hauptbestandtheile das des Açvattha oder Bananenbaumes, ficus religiosa, vorgeschrieben; bei den Römern wurde das Feuer der Vesta, wenn es erloschen war, wie Plutarch erzählt, durch eine Art primitiven Brennspiegels von dem Sonnenlichte, nach andern Berichten aber durch Bohrung wiedergewonnen, und zwar war es ein Fruchtbaum, dessen Holz von den Priestern verwendet werden mußte. Höchst merkwürdig ist es, einen ganz damit zusammentreffenden Brauch bei den Peruanern wiederzufinden; auch dort wurde das den Sonnenjungfrauen anvertraute heilige Feuer, wenn es durch Versehen oder Zufall erlosch, entweder an der Sonne vermittelst eines goldenen Hohlspiegels oder durch Reibung zweier Hölzer wiederangesteckt. Bei den Irokesen wird das Feuer der Hütten alljährlich gelöscht und von dem Zauberer mit dem Feuerstein oder den beiden Reibhölzern neu entzündet. Die Mexikaner begingen nach je zweiundfünfzig Jahren ein großes Feuerfest, eine Wiedergeburt der Welt, deren Untergang sie am Ende eines solchen Zeitraumes befürchteten. Alle Feuer wurden ausgelöscht, eine große Procession, in die Tracht der Götter vermummt, begab sich, von einer ungeheuren Menschenmenge begleitet, auf den Berg Huichachtla, und hier wurde um Mitternacht auf der Brust des zum Opfer bestimmten Kriegsgefangenen mit zwei Holzstäben das neue Feuer hervorgebracht; unter dem Freudengeschrei des von allen Hügeln, Tempeln und Dächern in gespannter Erwartung zuschauenden Volkes loderte die Flamme am Scheiterhaufen des Schlachtopfers empor, und wurde von da noch vor Tagesanbruch auf alle Altäre und Feuerstätten von Anahuac verbreitet. Und wenn wir aus dieser weiten Ferne in unsere nächste Nähe zurückkehren, so haben wir selbst hier zahlreiche, freilich unschuldigere Spuren einer in ursprünglich religiöser Absicht vorgenommenen Bereitung des Feuers nach derselben uralten Weise. In den verschiedensten Gegenden Deutschlands und ferner in England, Schottland, Schweden, dauerte bis in die allerjüngsten Jahrhunderte die Sitte fort, an gewissen Tagen des Jahres das sogenannte Nothfeuer durch Drehung einer hölzernen Winde, die in einen Pfahl gebohrt ist, und vermittelst eines um sie geschlungenen Strickes in Bewegung erhalten wird, zu entzünden. Fast überall wird uns berichtet, daß alle Feuer in den Häusern vorher gelöscht sein, und nun an diesem mit mancherlei Wunderkraft begabten Nothfeuer wieder erneuert werden müssen.

Wenn man das allgewaltige, unaufhaltsame Vordringen des menschlichen Gedankens über ungemessene Räume bezweifeln wollte, diese wahrhaft erstaunliche Uebereinstimmung deutscher Bräuche mit denen der Ureinwohner von Amerika, die Gemeinsamkeit dieser religiösen Erneuerung des Feuers, würde, so denke ich, allein hinreichen, um den Glauben an eine unverbrüchliche Verbindung aller Völker, an einen ewigen allgemeinen Weltverkehr in uns hervorzurufen.

Was aber veranlaßte wohl die alten Völker, die Kunst der Feuerbereitung so allgemein und übereinstimmend, in einer Ausdehnung, die fast die ganze Welt umfaßt, zu Zwecken der Götterverehrung zu verwenden? Es gibt kaum ein Volk des Alterthums, in dessen Cultus das Feuer nicht eine ganz überwiegende Bedeutung hätte. Bei den Persern tritt seine Heiligkeit so stark hervor, daß man ihre Religion lange Zeit geradezu für Feueranbetung halten konnte. Allein das Feuer ist hier wie überall nur Abbild, nur Darstellung des himmlischen Feuers, der Sonne. Die vergleichende Mythologie hat uns gelehrt, daß die ältesten Gottheiten der indogermanischen Völker Lichtgottheiten gewesen sind, und Niemand bezweifelt, daß die Sonne unter diesen die höchste Stelle eingenommen hat. Größerer Zweifel herrscht über die Naturanschauungen, welche unter der reizenden Hülle uralter Bilder und Sagen verborgen liegen, über den Sinn des unendlich verflochtenen Zauberknäuels von Kämpfen, Abenteuern und Wundern, und jener ganzen Welt voll seltsamer Gestalten, von theils erhabener, theils wunderlich abschreckender Erscheinung, jener Welt von Göttern, Dämonen, Riesen, Zwergen und Ungethümen aller Art.

Unstreitig ist jedoch der Kampf des Lichtes und der Finsterniß, die Sonne, die die dunklen Gewalten bekämpft und besiegt, der Mittelpunkt aller dieser Gegensätze, mit welchen die unerschöpfliche Phantasie immer neugestaltend

spielt, und auf welche lange Jahrhunderte hindurch die ganze
Begabung des menschlichen Geistes sich ausschließlich richtete.
Adalbert Kuhn ist der Meinung, daß man das heilige Feuer
nur aus Treue gegen die Gewohnheit der alten Zeit auch
späterhin durch Bohrung entzündet habe. Aber es ist kein
Zeugniß vorhanden, daß die Urzeit neben dem heiligen Feuerzeug auch ein profanes kannte, und durch alle Thatsachen,
die uns überliefert sind, hat sich mir die Ueberzeugung festgestellt, daß die Menschen, weit entfernt, den Gebrauch jenes
Geräthes aus dem alltäglichen Leben in den Cultus zu übertragen, es vielmehr gerade zu Zwecken der Götterverehrung
erfanden, und erst später für das praktische Leben verwenden
lernten. Ja ich kann nicht umhin es auszusprechen: das
Feuer ist eine religiöse Entdeckung, es ist aus der Götterverehrung entsprungen in Zeiten, wo die Menschen ein praktisches Bedürfniß zu seiner Gewinnung noch gar nicht empfanden,
und andererseits des Nachdenkens über eine technische Erfindung, wie die des Reibfeuerzeugs, noch gar nicht fähig waren.

In den Vedaliedern, jenem reinsten Abbilde des kindlichen Glaubens der Menschheit, sehen wir die Gottheiten des
Himmels, der Sonne, der Morgenröthe unaufhörlich gepriesen.
Himmel und Erde, lebendig gedacht, wie dies die ursprüngliche Anschauung aller Völker war, werden in der Morgenfrühe
angerufen; oft der Himmel als Vater, die Erde als Mutter.

„Welches,“ so heißt es in einem jener uralten Lieder,
„Welches der beiden früher, welches später, wie sie entstanden,
  Weise, wer erkennt es?
Sie tragen durch die eigne Kraft das Weltall, es drehn
  gleich zweien Rädern Tag und Nacht sich.“

„Zwei Räder,“ heißt es an einer andern Stelle:

„Zwei Räder gleichsam mit der Achse machtvoll
Trennend befestigt Himmel und Erde Indra."
 Wenn Uſhas, die Morgenröthe, anbrach, so wurde sie
von der Schar der frommen Verehrer, die ihr Erscheinen
mit heiliger Spannung erwartet hatten, mit Liedern begrüßt.
 „Es naht heran, es leuchtet auf des Himmels Tochter
  sichtbar nun.
Weg stößt mit Licht die Mächtige die Finsterniß
Und Helle schafft die Herrliche."
 In durchsichtigen Bildern wird die Göttin der Morgen-
röthe besungen, wie sie ihre schwarze Schwester, die Nacht
verdrängt und dem Sonnengotte vorangeht:

 „Des Himmels Tochter, sehet, ist erschienen,
  Anbrechend, jung, mit röthlichem Gewande:
 Jedweben erdentsprungnen Gutes Herrin
  Uſhas, brich an, Heilvolle, hier nun heute!
 Nachgeht den Weg sie, der Vorausgegangnen
  Voran den Ewgen geht sie, die da kommen,
 Anbrechend ruft empor sie was da lebet,
  Und was nur immer todt ist, wecket Uſhas.
 Wann wird zusammen sie wohl sein mit Jenen
  Die schon erstrahlt sind, und die noch erstrahlen?
 Nachfolget sie den früheren begierig,
  Voran vereinet Andern leuchtend geht sie.
 Gegangen sind die einst den Anbruch schauten
  Die Sterblichen früherer Morgenröthe;
 Nun ist sie da und wird von uns gesehen,
  Und andre kommen, die dereinst sie schauen ...
 Stets früher angebrochen ist die Göttin,
  Und so auch brach die Holde heute hier an,

Und so auch bricht sie an in spätern Tagen,
Unalternd kommt, unsterblich sie zum Opfer.
Mit Farben glänzt sie an des Himmels Saume,
Es streift die schwarze Hülle ab die Göttin,
Aufweckend fährt mit ihren rothen Rossen
Ushas herzu auf schöngeschirrtem Wagen.
Sie führet Güter mit sich, reich an Segen,
Und hellen Schein gewinnet sie erscheinend.
Der stetigen Vergangnen Letzte glühet,
Und derer die entstrahlen Erste, Ushas."

Solche Lieder begrüßten an den Usern des Indus die Morgenröthe vor dreitausend Jahren. Die Seher jener Tage sind nun längst gegangen, und andere Sterbliche sind gekommen, die unsterbliche Morgenröthe zu schauen. Wenn sie auch bei uns ihre alten Opfer nicht mehr findet, so werden ihre heiligen Lieder nach so langer Zeit doch selbst von uns gelesen, und wohl verdienen es jene zauberischen Verse, von deren entzückenden Klängen ich Ihnen nur eine schwache Nachbildung zu geben vermochte, daß wir, in ihr Studium versenkt, das Grauen des Tages heranwachen, wie die uralten indischen Dichter, welche sie gesungen haben.

In diese Schilderungen des Morgenhimmels nun mischen sich die der Flammenerscheinung des Feueropfers, welches täglich in der Frühe noch während des Dunkels entzündet wurde, und wegen seiner unverbrüchlichen Wiederkehr beinahe als selbstständige Naturerscheinung angesehen und als Gott des Feuers, Agni, selbst verherrlicht wird.

„Agni ist erweckt," heißt es, „aus der Erde steigt der Sonnengott, Ushas die Hohe Gelbe ist angebrochen."

„Empor stieg der rothe himmelberührende Rauch; die Männer zünden Agni an."

An andern Stellen heißt es:

„Durch seine Macht und Größe des Entzündeten
Erleuchtet Glanz des Himmels und der Erde Paar.
Auf steigen deine Flammen die nicht alten
Agni, des Neugeborenen entzündet.
Ein rother Rauch gehst du empor zum Himmel
Als Bote gehst du Agni zu den Göttern.
Erweckt ist Agni durch der Menschen Zünden,
Vor Ushas, die da einer Kuh gleich nahet.
Gleich Scharen welche auf vom Zweige fliegen,
So strahlen seine Flammen auf gen Himmel."

Unter diesen Liedern wurde am Ursitze der Stammväter des indischen Volkes das Feuer bereitet. Oft wird Agni das Kind des Himmels und der Erde genannt, zuweilen aber auch das Kind der beiden Hölzer, und, so heißt es, kaum geboren, verzehrt das schreckliche Kind seine beiden Eltern. Dies ist kein Widerspruch. Die beiden Hölzer sind in der That Himmel und Erde. Aus der Drehung des Himmels und der Erde geht die Sonne, aus der Drehung der Reib= hölzer ihre Verkörperung auf Erden, das Feuer hervor. Dar= um sind gerade diejenigen Götter, denen in einer indischen Tradition ein goldenes Feuerzeug zugeschrieben wird, die beiden Roßgötter, von denen Max Müller gezeigt hat, daß sie sich auf die Dämmerung beziehen. Nach einem homerischen Hymnus ist der Gott, der das Feuerzeug zuerst gebrauchte, Hermes, ebenfalls ein Gott der Morgenfrühe, ein Mittler zwischen Oberwelt und Unterwelt, und wie der Feuergott der Inder, ein Bote der Götter. Daher wird bei den Indern auch nicht das praktisch am Besten geeignete Holz, sondern das der ficus religiosa gewählt, nicht nur weil dieser Baum röthliche Früchte trägt, sondern, wie ausdrücklich gesagt wird, und wie Analogien anderer heiligen Bäume bei den verwandten Völkern bezeugen, z. B. die bei den Galliern hochheilige Mistel, weil er auf andere Bäume Wurzel schlägt und seine Zweige in mächtiger Fülle herabsenkt. Er ist offenbar ein Bild der Sonne; denn diese wird öfters mit einem wunderbaren Baume verglichen, der seine Wurzeln oben in der Luft hat, und seine Strahlen als Zweige auf die Erde sendet.

Einige merkwürdigen aus dem höchsten Alterthume bis in die Neuzeit erhaltenen germanischen Gebräuche sind in ihrer Bedeutung fast unverkennbar. In vielen Gegenden der Mark ist es die Nabe eines Wagenrades, worin das Nothfeuer durch Bohrung entzündet wird. Dasselbe wird aus dem vorigen Jahrhundert von der Insel Mull an der Westküste Schottlands berichtet, und findet sich auch in den friesischen Gesetzen wieder. An vielen andern Orten Deutschlands und Frankreichs zündete man anstatt dessen, meistens in der Nacht der Sommersonnenwende, Scheiben oder Räder an, schleuderte sie hoch empor, so daß sie in der Luft einen leuchtenden Bogen beschrieben, oder man ließ, wie es an der Mosel noch vor hundert Jahren geschah, ein brennendes Rad von der Spitze eines Berges in den Fluß rollen. Es ist sicherlich nur der tägliche Lauf der Sonne, der, obwohl an einem ausgezeichneten Tage des Jahres, durch diese Feierlichkeiten dargestellt werden sollte, und daß die an jedem Morgen entzündete Flamme der indischen Vorzeit sich auf nichts anderes bezog, kann noch weniger zweifelhaft sein. Wenn die weisen Männer jener Zeit beim Grauen des Morgens, die Blicke

erwartungsvoll nach Osten gerichtet, wo der leuchtende Gott
ihnen erscheinen sollte, den Wirbel der Himmelsbewegung,
der die heilvolle Erscheinung des neuen Tages emporzuführen
sich anschickte, mit der Drehung der beiden Holzstücke, jenes
primitivsten Bildes des großen Elternpaares, der wie ein
Rad umlaufenden beiden Welten, vorbildeten; wenn sie durch
dieses unverbrüchlich wiederholte heilige Werk in ihrem naiven
Glauben die Umwälzung des Himmels zu unterstützen, zu
befördern meinten; und wenn dann im Mittelpunkte des
kleinen Weltbildes, das sie in ihren Händen bewegten, plötzlich der Funke aufleuchtete, wie dort oben in der großen
Himmelswelt die wundervolle majestätische Flamme der Morgen-
sonne: welch ein Schauer der Freude und Ehrfurcht mußte
alsbann die Herzen ergreifen, da der große Gott des Himmels,
Agni selbst, in ihr Heiligthum herabgestiegen war, bei ihrem
Opfer zu Gaste saß, es als Priester selbst im Rauche zum
Himmel emportrug! Und hat es eine Zeit gegeben, wo das
Feuer zum erstenmale dem Zündholze entsprang, wo der neue
fremdartige Gast vielleicht Furcht und Bestürzung erregte,
so war es ja ein Gott, dem es muthig zu nahen, den es
zu pflegen galt, und um dessentwillen man wagte, was man
des bloßen Nutzens wegen vielleicht nimmer gewagt haben
würde, wie ja zu allen Zeiten für religiöse Ueberzeugungen
die Menschen Unglaubliches geduldet haben. Daß das Feuer
von diesem heiligen Ursprunge aus in das alltägliche Leben
überging, wie wir bei dem mexikanischen Feuerfeste das heilige
Feuer auf alle Herde verbreitet fanden, werden wir weniger
befremdlich finden, wenn wir bedenken, wie weit der Umfang der Heiligkeit des Feuers noch bei den classischen Völkern
des Alterthums gewesen ist, und daß es nicht nur auf den

Altären, sondern auch auf den häuslichen Herden für heilig galt. Von dem Standpunkt unserer Bildung wird es uns schwer, das ganz Gewöhnliche aus mythischen, rein phantastischen Quellen herzuleiten. Aber es ist dies in unzähligen kleinen und großen Beispielen nachweisbar, die sich über unser ganzes Culturleben erstrecken. Das Tabakrauchen ist dem Feuerdienste der Indianer entsprungen; der Regenschirm aus dem Sonnenschirm, der ursprünglich ein heiliges Abbild der Sonne war; das Gold verdankt seine Bedeutung seiner sonnengleichen und darum heiligen Farbe. Im Jahre 1811 wurde in Japan der gefangene russische Capitän Golownin gefragt, ob die Russen ihre Religion geändert hätten; denn Laxmann, der im Jahre 1792 als Gesandter dort gewesen war, habe einen Zopf getragen, der mit Mehl bestreut gewesen sei. So sehr pflegen nichteuropäische Völker von dem Zusammenhang auch der äußerlichsten Gebräuche mit der Religion durchdrungen zu sein.

Es bleibt mir noch ein Punkt zu besprechen, ein Bedenken zu beseitigen übrig, das sich gegen die zufällige Entdeckung des Feuers aus dem Feuerzeug erheben könnte. War die Entzündung der Hölzer bei den Ceremonien, die wir geschildert haben, nicht vorgesehen, nicht beabsichtigt? Sollen wir uns denken, daß die Drehung ursprünglich zwecklos vorgenommen ward? Allerdings glaube ich, daß jenes religiöse Spiel wesentlich nur in der drehenden Bewegung bestand, ohne Rücksicht auf das, was daraus werden mochte. Es scheint mir dies daraus hervorzugehen, daß die Feuerdrehung nicht die einzige war, die dem gleichen Zwecke diente: die Bereitung der Butter durch ein ganz ähnliches Verfahren war ebenfalls heilig, und Butter daher ein Hauptgegenstand des Morgenopfers. Ja auch die Mühle, die in ihrer einfachsten Gestalt aus zwei Steinen und einem Drehstab bestand, und daher jenem alten Zündwerkzeug sehr ähnlich war, aus dem sie sich vielleicht erst entwickelt hat, auch sie wird vielfach mit Sonnenmythen in Verbindung gebracht, und bedeutsame Sagen erzählen von Mühlen, welche Gold mahlen. Ganz besonders aber muß ich hier an ein seltsames religiöses Werkzeug erinnern, welches auf dem Boden, wo es vorkommt, allerdings den Zusammenhang mit seinem Ursprunge verloren hat und unverstanden dasteht, aber vielleicht in der Umgebung, in die wir es zu stellen vermögen, Licht ebensowohl empfangen als verbreiten kann.

Auf dem Gebiete des Buddhismus und seiner Umbildungen, in Tibet und bei den Kalmücken und Mongolen nicht minder als in Japan, hat man mit Verwunderung bemerkt, daß das Gebet nicht allein gesprochen, sondern mit eben so großem Verdienste auch durch eine Maschine verrichtet wird. Um einen Cylinder, der durch einen Riemen vermittelst eines Triebrades in rotirende Bewegung versetzt wird, rollen sich mit Gebeten beschriebene Papiere von großer Länge auf, die oft denselben Text in hundert- und tausendfältiger Abschrift wiederholen, da es für das Seelenheil der Geschöpfe, für welche gebetet wird, um so wirksamer ist, je häufigere Abschriften sich um die Rolle winden. Und nicht durch Menschenhand allein, sondern auch durch Pendel, durch Windflügel, ja förmlich wie Mühlräder durch Wasserbäche werden die Gebeträder in Bewegung gesetzt. Es gibt Gebetmühlen, die eine und dieselbe Formel, die zu diesem Zweck in Petersburg gedruckt wurde, hundert Millionen mal enthalten, und also durch zehnmalige Drehung so viel Heil bewirken, als

wenn die Formel tausend Millionen mal gesprochen worden
wäre. Es ist allerdings nicht ganz ungerechtfertigt, wenn
man darauf aufmerksam gemacht hat, welche Fortschritte auch
hier von der Dampfkraft zu erwarten seien, und mit welcher
Schnelligkeit hier eine unglaubliche Menge von Seelenheil
durch Dampfmühlen producirt werden könnte. Es macht in
der That den Eindruck des eminent Heidnischen, in solchen
im strengsten Sinne mechanischen Uebungen ohne Gesinnung
Verdienst und eine heilbringende Wirkung gesucht zu sehen.
Allein dieser Mechanismus hat trotz alledem offenbar seinen
Hintergrund. Der Buddhismus ist eine verhältnißmäßig
moderne, reflectirte Religion, aber seine Symbole sind Umbildungen, und gehen in letzter Linie immer doch aus Ge-
bräuchen des ältesten Naturcultus hervor. Es sind ursprünglich nicht die Gebete, es ist die Drehung des Rades selbst,
welche seligkeitbringend wirkte; in Japan findet man auf den
Kirchhöfen Pfosten, in denen ein einfaches eisernes Rad mit
der Hand drehbar angebracht ist. Die Beziehung des Rad-
umschwunges zur Seligkeit vermittelt sich durch die Darstellung
der Seelenwanderung unter diesem Bilde; aber auch dies ist
nur eine Umgestaltung der uralten Bräuche der Quirlung
und Wirbelbewegung als Bilder des täglichen Umlaufs der
Sonne und des Himmelsgewölbes, ganz so wie die Gewohnheit der Inder, zum Zeichen der Ehrfurcht nach rechts gewandt im Kreise um Gegenstände oder Personen herumzu-
gehen. Die gegenwärtigen Menschen pflegen bei Handlungen
und Ceremonien wo nicht nach dem Zweck, doch nach der
Bedeutung zu fragen. Allein für das älteste Handeln der
Menschen ist diese Betrachtungsweise nicht ganz zutreffend;
ihre Gebräuche bedeuten nichts, sie wollten mit ihnen nichts

sagen, keine Gedanken ausdrücken. Sie sind nicht Symbol, sie sind Instinct. Was wir in dem Halbdunkel der Urgeschichte von dem geheimnißvollen Wirken und Weben der Menschheit gewahren, es zeigt uns unser eigenes Bild seltsam verändert, ja von fast schauerlicher Fremdartigkeit. Wenn durch das Herumgehen im Kreise, durch kreisförmige Processionen oder Wettläufe, durch rotirende Drehung von Gegenständen mancher Art die Bewegung des Himmels nachgeahmt wird, so sind dies Ausbrüche eines bereinst gewaltigen Instinctes, eines Nachahmungstriebes, der das Menschengeschlecht auf einer gewissen Stufe seines Daseins mit unwiderstehlicher Macht beherrscht haben muß. Die mannigfaltigen Spiele, Tänze, Darstellungen und Mummereien der alten Völker zu Ehren der Götter, der Jammer um die Puppe des gestorbenen Adonis, die Aufzüge ägyptischer Priester in thierischen Göttermasken haben einige Aehnlichkeit mit Kinderspielen. Aber wir sehen dies Alles mit einem feierlichen Ernste vor sich gehen, der etwas, ich möchte fast sagen, Gespensterhaftes in sich trägt. Es ist ein ähnliches ernstes Spiel der kindlichen Menschheit, welches sie allmählich auch die Benutzung des Feuers, die Bereitung von Speisen, die anfänglich nur Opferspeisen waren, lehrte; und eine Geschichte des Opfers, und der religiösen Ceremonie überhaupt, würde unter vielem Ueberraschenden vielleicht auch eine Geschichte der Kochkunst in sich schließen. Der Glaube, die Sage, die Mythologie, dies Alles ist in der Religion nur eine, vielleicht noch nicht die reichste Seite. Wie uns der in der Religionsgeschichte überall hervortretende mimische Trieb an die Anfänge der Sprache erinnert, in denen ich gleichfalls die Wirkungen einer unwillkürlichen, triebartigen Mimik und Nachahmung finden zu müssen glaube, so ist in dem Zauber, den das Feuer auf die Menschen geübt hat, eine andere Analogie mit der Urquelle der Sprache geboten, indem es sich auch hier wieder verkündigt, daß es das Auge ist, dem wir unsere Erhebung aus der Thierheit verdanken. Nicht die wohlthätige Wirkung des Feuers, nicht seine Nützlichkeit, nicht einmal seine wohlthuende Wärme ist es, die in den uralten Denkmälern gepriesen werden, sondern sein Lichtglanz, seine rothe Gluth; und soweit die sprachlichen Benennungen sich mit Sicherheit deuten lassen, ist es ebenfalls weder die Wärme, noch etwa die Eigenschaft zu brennen, zu zehren, Schmerz zu bereiten, sondern die rothe Farbe, von der die Namen ausgehen. Der Sinn für die Farbe ist also das älteste Interesse, das die Menschen zu dem Feuer zog. In diesem rein menschlichen Interesse liegt die Lösung zu dem Räthsel, daß der Mensch allein das Feuer besitzt; aber es läßt zugleich in größerer Tiefe auch etwas von der unermeßlichen Bedeutung ahnen, die gerade die Entwickelung des Farbensinnes für die Menschheit gehabt hat.

Obwohl der Mensch unzweifelhaft aus thierischer Armuth und Hülflosigkeit sich zu seiner gegenwärtigen Höhe emporgerungen hat, so sehen wir doch schon seine frühe Kindheit von dem Schimmer des Idealen umkleidet, und es ist keineswegs die Noth, die ihn erfinderisch machte, noch auch praktische Klugheit, die ihn antrieb, seine materielle Lage zu verbessern, sondern gerade in seinen frühesten Schöpfungen zeigt sich Begeisterung und Phantasie vor Allem wirksam, und was ihm am Meisten segensvoll zu werden bestimmt war, ist nicht seine Fähigkeit, das Nützliche zu erspähen, sondern es ist das Künstlerische, das zwecklos Gestaltende in ihm, und der Sinn für den in sein Auge fallenden Strahl der himmlischen Schönheit.

Es war allem Anscheine nach nicht die Vermehrung der Behaglichkeit, was dem Menschen zuerst das Feuer werth machte, auch nicht die Lust an wohlschmeckenderer Speise, noch weniger die Industrie, die ihm noch nicht aufgegangen war. Es war das Licht, was ihn beglückte; mit ihm hatte er das unheimliche Grauen der Nacht überwunden, in welchem alles Unheil schleicht, in welchem er dem Angriffe der auf Raub ausgehenden Thiere des Waldes rathlos preisgegeben war. Wir, die wir die Nacht durch strahlende Fackeln und Kandelaber, durch sonnenhelle electrische Lichterscheinungen unterbrechen, wir fühlen kaum jene Schauer mehr mit, die der Mensch dem noch durch keine Kunst beschränkten Reiche der Finsterniß gegenüber empfand, das seine Phantasie mit grauenvollen Gestalten bevölkerte; jene Bangigkeit, die noch aus den Gebeten der Vedendichter so lebhaft spricht, oder den Schrecken, der lange Zeit auch bei der Sonnenfinsterniß die geängstigten Herzen der Völker ergriff, es möchte das Licht der Sonne auch bei Tage verschwinden, es möchte eine ewige Nacht hereinbrechen. Und doch, wie ungemein jung ist die Kerze, ja die Oellampe; bei Homer sind es noch Späne und Reisbündel, welche die mächtigen Säle erhellen!

Wohin wir blicken, in der Geschichte eines jeden Gegenstandes, dessen Besitz uns heute so selbstverständlich scheint, zeigt sich eine Kette von Entwickelungen, und in nebelgrauer Ferne erhebt sich ein Zeitraum, wo diese ganze Entwickelungsreihe noch nicht begonnen war. Es ist zwar nur ein äußeres Besitzthum, welches wir mit dem Feuer, mit dem künstlichen Lichte aus der Reihe unserer Erdengüter verschwinden sehen, aber es erinnert uns doch immer wieder an unsere fernste Vergangenheit, an das seltsam-wunderbare Schicksal, das

unsere Gattung an die Spitze der Thierwelt, der Erdenwelt
geführt hat. Einige Schritte rückwärts und wir würden ein
ferneres Gut aus diesem köstlichen Erbe des Menschenthums
verschwinden sehen, und dann ein drittes, auch die Religion,
endlich die Sprache. Ein Rückblick in jene Fernen, wie ihn
unsere Zeit vor allen früheren voraus hat, befreit unsere
Seele, indem er ihr Theil gibt an einer vergangenen Un=
endlichkeit. Als Goethe mitten unter welterschütternden
Stürmen in osteologische Studien vertieft, seiner Entdeckung
über die körperliche Verwandtschaft mit dem Thiere nachge=
sonnen zu haben gestand, da zürnte Börne, dessen feuriger
Geist ungeduldig nach Thaten rang. Und als die Juli=
revolution ausbrach, und der treue Eckermann seinen Goethe
in lebhafter Erregung über die große Begebenheit fand, die
zu Paris vorgegangen war, und er von den Fehlern der
gestürzten Minister zu sprechen beginnen wollte, da erwiederte
Goethe: „Wir scheinen uns nicht zu verstehen; ich rede gar
nicht von jenen Leuten, es handelt sich bei mir um ganz
andere Dinge. Ich rede von dem in der Akademie zum
öffentlichen Ausbruch gekommenen, für die Wissenschaft so
höchst bedeutenden Streit zwischen Cuvier und Geoffroy de
Saint Hilaire. Von nun an wird auch in Frankreich bei
der Naturforschung der Geist herrschen und über die Materie
Herr sein. Man wird Blicke in große Schöpfungsmaximen
thun, in die geheimnißvolle Werkstatt Gottes. Jetzt," fuhr
Goethe fort, „ist nun auch Geoffroy de Saint Hilaire ent=
schieden auf unserer Seite, und mit ihm alle seine bedeuten=
den Schüler und Anhänger Frankreichs. Dieses Ereigniß ist
für mich von unglaublichem Werthe, und ich juble mit Recht
über den endlich erlebten allgemeinen Sieg einer Sache, der

ich mein Leben gewidmet habe und die ganz vorzüglich auch die meinige ist." Der Gedanke, dessen Sieg Goethe damals im Geiste vor Augen sah, zu dem Geoffroy de Saint Hilaire sich bekannte, der Gedanke der Weltentwickelung, er wird, ich zweifle nicht, weltbefreiend sein, wie es jemals irgend eine der größten weltgeschichtlichen Thaten gewesen ist. Und ich fürchte nicht mißdeutet zu werden, wenn ich vor Ihnen, den hochverehrten Bürgern und Bürgerinnen meiner Vaterstadt, gestehe, daß es mir oft so vorschwebte, als ob der Boden dieser unserer Stadt einiges Anrecht auf diesen Freiheitsgedanken der Entwickelung besitze, als ob in ihr, die der natürlichen Entwickelung so viel verdankt, der Mahnruf doppelt laut erklänge, den Gedanken der Entwickelung der Menschheit weiter, vielleicht zu Ende zu denken. Dieser Gedanke wird uns dereinst lehren, was der Mensch von sich, von der Menschheit, von der Natur zu erwarten und zu fordern hat. Und wie in die Zukunft, so beginnt mit ihm auch in die vergangene Zeit eine Fernsicht sich vor uns zu eröffnen, wie es mit dem Raume geschah, von dem Augenblicke, wo der Himmel aufhörte, sich als eine steinerne Decke über uns zu wölben, und wir anfingen, Blicke und Gedanken hinauf in ein unbegrenztes Weltall senden zu dürfen. Die Geschichte ist nicht mehr ein abgegrenzter Horizont, es wiederholt sich in ihr nicht mehr in ermüdendem Gleichmaß von Jahrhundert zu Jahrhundert das Nämliche; sondern in unermessener Tiefe folgt eine Daseinsform der andern, die Natur enthüllt uns in unendlicher Reihe ihre Wunder, und die Seele erhebt sich, ein himmlischer Genius, und rauscht mit gewaltigem Flügelschlag durch die Aeonen!

VI.
Ueber den Urfitz der Indogermanen.

Die Entdeckung des Urvolkes der Indogermanen, wie sie sich im Laufe der letzten sechzig Jahre unter uns vollzogen hat, ist eine Thatsache von unglaublicher Wichtigkeit und auf die Anschauung des Menschen von seiner frühen Vergangenheit von unberechenbarem Einflusse. Die fast wunderbaren Resultate, die unser Jahrhundert in der Entzifferung der Hieroglyphen und Keilschriften erreichte, führten zur unmittelbaren, aus den Denkmälern selbst gewonnenen Kenntniß eines Völkerlebens, welches man bis dahin unmöglich hoffen konnte, aus seinem Jahrtausende langen Schlafe wieder erweckt zu sehen; man fand historische Einzelheiten aus Zeiten beglaubigt, die die Phantasie stets als ihr unbestrittenes Eigenthum betrachtet und mit grotesken Einbildungen bevölkert hatte. Aber das Volk der Pyramiden und Hieroglyphen ist doch immerhin ein historisches, wohlbekanntes, greifbares Volk. Es ist allerdings etwas Erstaunliches, daß wir die Namen palästinensischer Städte, z. B. des noch heute stehenden Gefat, einige Jahrhunderte vor Moses, diesem ältesten Geschichtschreiber, wie ihn das vorige Jahrhundert gerne nannte, auf ägyptischen Denkmälern zu finden gelernt haben. Es berührt uns seltsam und durchschauert uns wie beim Betreten eines geheimnißvollen Heiligthums, wenn wir vor unsern Augen von dem tief verborgenen Dunkel der Vergangenheit den Schleier sich lüften sehen. Allein auf ein solches Gefühl hat das Urvolk, aus welchem die Spitze und Blüthe der ganzen Menschheit hervorgehen sollte, der Stamm, dem das heutige gebildete Europa mit seinen mächtigen Colonien, und nicht minder ein großer Theil der Bevölkerung von Asien bis zur Grenze China's hin entsprossen ist, noch ein ganz besonderes Anrecht. Wir haben hier einen Keim vor uns, ein Volk in seinem Urzustande, Entwickelungen von ungeheurem Reichthume in sich bergend; ein Volk, von dem die Geschichte uns nichts berichtet, welches auch keine Denkmäler von sich hinterlassen hat, dessen Dasein wir bloß erschließen, aber doch auch durchaus nicht bezweifeln können. Wie lebt ein Volk in einem solchen Urzustand? wie dachte, wie sprach es? Diese Fragen allein haben ein mächtiges Interesse; es kommt aber noch hinzu, daß die ganze Bildung von Europa, und mehr oder weniger die Gestaltung der gegenwärtigen Menschheit an die Geschicke jenes Urvolkes geknüpft und von seinen Geistesanlagen beherrscht worden sind, also in ihrem Ursprunge auf dessen Ursprung zurückverweisen.

Als man zuerst bemerkte, daß in der Sprache Hindostans und Persiens Wörter und Wortformen vorkommen, die eine auffallende Aehnlichkeit mit lateinischen, griechischen oder deutschen zeigten, so suchten Viele sich diese seltsame Erscheinung durch gegenseitigen Verkehr zu erklären, durch welchen Fremdwörter von einem Volke zu dem anderen gelangt seien. Die Deutschen haben den Franzosen ihr „marsch!" entlehnt; „halt!", das wohl ein deutscherer Begriff sein muß, wurde den Franzosen dafür in Tausch gegeben, und pascholl! ist sogar russisch. Nun ist es von Benares oder Pondichery nach Frankfurt oder Augsburg allerdings etwas weiter, und kein 1813 führte wohl jemals Deutsche und Hindu's zu einer Völkerschlacht zusammen. Aber — doch ich will hier Adelung sprechen lassen, weil es nicht uninteressant ist zu sehen, wie ein Mann von bedeutenden Sprachkenntnissen und vielem Urtheil noch im Jahre 1806 über solche Fragen denken konnte. „Daß sich sogar Germanisches im Persischen befindet, hat Verwunderung, bei Manchen sogar Erstaunen erregt. Die Sache ist unläugbar, und dieses in dem Persischen befindliche Germanische bestehet nicht allein in einer beträchtlichen Anzahl von Wurzellauten und Wurzelwörtern, sondern auch in Ableitungssilben und selbst in den grammatischen Formen... Es läßt sich diese Erscheinung auf zweierlei Art erklären, entweder durch eine spätere Vermischung, nachdem beide Sprachen bereits gebildet waren, oder durch eine gemeinschaftliche Abstammung beider von einer älteren Muttersprache. Für das erste scheint Persiens Lage und Geschichte zu sprechen. Da es an dem Wege liegt, welchen fast alle wilde Horden aus dem hohen Mittel-Asien nach Westen nehmen mußten, so konnte es wohl nicht ganz ohne Vermischung mit anderen erobernden und eroberten Völkern bleiben. Besonders ist bekannt, daß die Gothen mehrere Jahrhunderte an dem Schwarzen und Caspischen Meere, also nahe an den Thoren Persiens hauseten, mit ihrer wilden Tapferkeit allen ihren Nachbarn zur Last fielen, und sich dabei immer in bessere Länder zu drängen suchten. Die Geschichte nennt uns sogar

einen ganzen gothischen Stamm, welcher in Persien einge=
brochen, und mit den alten Einwohnern zu Einem Volke
zusammen geschmolzen ist. Das kann von mehreren geschehen
sein, besonders als die Gothen den Hunnen weichen mußten,
wenn gleich die kümmerliche Geschichte dieser Zeiten nichts
davon weiß." (Mithr. I. 277.) Die größte Schwierigkeit,
die sich solchen Hypothesen entgegenstellte, war nun aber be=
kanntlich die große Zahl und besonders der Begriffskreis der
Wörter, die jenen asiatischen Sprachen mit den europäischen
gemeinsam waren. Wer konnte glauben, daß Perser und
Deutsche gerade Wörter wie padar Vater, madar Mutter,
biradar Bruder, ast ist, von einander entlehnten? Darum
neigte sich denn auch schon Adelung mehr zu der zweiten
Ansicht, der Abstammung von einer gemeinsamen Mutter=
sprache. „Das Parsi, Zend und Pehlvi sind sehr alte Sprachen
und dem Sitze der ersten Sprachbildung nahe, können also
wie das Sanskrit wohl unmittelbar, wo nicht von der ersten
Sprache selbst, doch von einer ihrer ältesten Töchter ab=
stammen. Die Germanen stammen, so wie alle alte west=
liche Völker, aus Asien her, und wenn man gleich jetzt die
Gegend nicht mehr bestimmen kann, welche sie vor ihrer
Auswanderung bewohnt haben, so gibt es doch keine Gründe,
warum man sie nicht in das an Persien und Tibet unmittel=
bar grenzende Mittel=Asien sollte setzen können, welches durch
seine unstäten Horden Europa theils bevölkert, theils mehr
als Einmal erschüttert hat." Man glaubte damals an eine
Ursprache, die Sprache der ersten Menschen, und suchte
Trümmer derselben in allen Sprachen auf. Die große Ueber=
einstimmung zweier so „alten" Sprachen wie Deutsch und
Sanskrit sollte also auf der Erhaltung besonders vieler Reste

aus der „ersten Sprache", oder der Abstammung aus „einer ihrer ältesten Töchter" beruhen. Hinter dieser Sprachtrennung lag unmittelbar der Thurmbau von Babel und das Paradies. Die Vorstellungen von dem Ursprunge des Menschen und von dem der einzelnen indogermanischen Völkergestaltung flossen in der Phantasie zusammen.

Fr. Schlegel war es, der in seiner geistvollen Schrift „über die Sprache und Weisheit der Inder" (1808) dieser Unklarheit ein Ende machte. Er bestimmte den Umkreis, der die indogermanischen Sprachen umfaßt, ziemlich genau, erklärte das Römische, Griechische, Germanische und Persische zunächst, entfernter aber auch das Armenische, die slavischen Sprachen und das Celtische für verwandt mit dem Sanskrit. Andere Sprachstämme, z. B. den, wozu das Hebräische gehört, schloß er aus dieser Verwandtschaft mit Entschiedenheit aus. Das Verhältniß des Sanskrit zu den übrigen verwandten Sprachen dachte er sich als das einer Stammsprache zu den Töchtersprachen. Ja er erklärt, gestützt auf die große Uebereinstimmung, die er auch in dem Ideen- und Sagenkreis Indiens und des übrigen Alterthums fand, die Bevölkerungen von Europa geradezu als „indische Colonien", die er besonders von Priestern geführt sein läßt, und für bedeutungsvoller und wirkungsreicher, als die späteren griechischen Colonien, aber nicht für wesentlich verschieden hält. Seitdem hat man einsehen gelernt, daß eine solche Analogie mit einer gewöhnlichen Auswanderung, wie sie in historischen Zeiten vorkommt, auf jene Urzeit nicht anwendbar ist. Die europäischen Sprachen, das Lateinische und Deutsche z. B. verhalten sich zur Sanskritsprache nicht wie Töchtersprachen; nicht wie das Spanische, Italienische, Französische zum Lateinischen. Das Sanskrit ist vielmehr nur eine gleichberechtigte Schwestersprache z. B. des Deutschen und Griechischen; Sanskrit und Griechisch stehen ebenso wie Französisch und Italienisch nebeneinander. Die Grundsprache, die sich so wie das Lateinische zu seinen Töchtern verhielte, ist, wenn sie existirt hat, doch jedenfalls nicht mehr vorhanden. Die Sprache, die die Vorfahren der Germanen, der Griechen, der Inder dereinst gemeinsam sprachen, war so wenig indisch als germanisch oder griechisch: sie war die indogermanische Ursprache. Das Volk, das diese Ahnen alle zusammen bildeten, war also auch nicht das indische, sondern das Urvolk der Indogermanen. Außerdem bietet noch die älteste indische Literatur Spuren davon dar, daß die Inder den Ganges erst allmählich nach Osten und Süden fortwandernd erreichten; sie müssen sich von den so nahe verwandten Persern erst verhältnißmäßig spät getrennt haben, um das eigentliche Indien in Besitz zu nehmen. Umsoweniger bewohnte also das indogermanische Urvolk Indien. Wo wohnte es nun aber sonst? Welches war die älteste Heimath der historisch zu so hervorragender, einziger Rolle bestimmten, jetzt über die ganze Erde wahrhaft herrschend verbreiteten Indogermanen? Daß sich schon an die frühesten Ahnungen der Verwandtschaft europäischer und asiatischer Völker die Voraussetzung heftete, die Heimath der Europäer sei Asien gewesen, geht schon aus der obigen Darstellung hervor. Ehe ich die Meinungen über diese Frage geschichtlich weiter verfolge, möge mir meine eigene gegenwärtige Ueberzeugung in kurzen Worten auszusprechen gestattet sein: Die Urheimath der Indogermanen ist, wie ich glaube, in Deutschland, vielleicht insbesondere im mittleren und westlichen zu suchen.

Der Erste, der der allgemein geltenden, aber nie durch Beweise unterstützten Annahme von der Herkunft der indogermanischen Europäer aus Asien widersprach, war R. G. Latham. Seine Ansicht ist meines Wissens zuerst in seinem Buche „the native races of the Russian empire" (London 1854) ausgesprochen. In einem späteren Werke, „Elements of comparative philology" (London 1862, p. 661) begründet er dieselbe mit folgenden Worten: „Hat das Sanskrit Indien von Europa aus erreicht, oder erreichten das Litthauische, Slavische, Lateinische, Griechische und Deutsche Europa von Indien aus? Wenn historische Beweise fehlen, so müssen apriorische Vermuthungen erwogen werden. Ich setze voraus, daß die Geschichte schweigt, und daß die Vermuthung dafür spricht, die kleinere Klasse sei eher von der Region der größeren ausgegangen, als umgekehrt. Demnach wäre die dem Sanskrit zukommende Stelle die östliche oder südöstliche Grenze des Litthauischen und sein Ursprung europäisch. Ich will die Thatsache, wie sie gewöhnlich behauptet wird, nicht läugnen; sie kann richtig sein, trotz allen gegen sie sprechenden Wahrscheinlichkeiten. Wenn genügende Beweise für sie vorgebracht werden sollen, so bin ich bereit sie anzunehmen... Vielleicht habe ich Unrecht, das absolute Nichtvorhandensein von Beweisen zu behaupten und die Wahrscheinlichkeit für unsere einzige Richtschnur zu halten. Ich nehme in dieser Hinsicht bereitwillig Belehrung an, kann aber sagen, daß wenn es Beweise gibt, ich sie trotz aller Sorgfalt nicht gefunden habe. Anstatt ihrer fand ich eine stillschweigende Annahme, daß, da im Osten der Ursprung des menschlichen Geschlechtes oder doch des größten Theiles unserer Civilisation zu suchen sei, auch alles von daher gekommen sein müsse. Aber hierin liegt offenbar eine Verwechselung zwischen der ursprünglichen Zerstreuung des Menschengeschlechts über die Welt, und jenen secundären Bewegungen, durch die auch nach der gewöhnlichen Hypothese das Litthauische u. s. w. von Asien nach Europa gekommen wäre... In der Zoologie und Botanik wird die Species immer von der Area des Genus hergeleitet, nicht umgekehrt; und dieser Regel folge ich hier... Daß eine Sprache sich nicht bloß in eine andere Region ausdehnt, sondern in ihrer eigenen ganz verloren geht, ist keineswegs einzig. Es gibt kein Englisch in Deutschland. Ein noch besseres Beispiel bietet das Magyarische, von dem sich innerhalb mehr als hundert geographischen Meilen von seiner gegenwärtigen Region keine Spur findet, obwohl das Ungarische in Europa nicht zwölfhundert Jahre alt ist."

Wir werden sehen, daß nicht bloß die Beweise zu Gunsten der bisher noch geltenden asiatischen Hypothese fehlen, sondern daß sich die entgegengesetzte Annahme durch eine ganze Reihe von Gründen höchst wahrscheinlich machen, und durch Ermittelung eines genau begrenzten europäischen Ursitzes der Indogermanen zu größter Bestimmtheit erheben lassen wird.

Diese Gründe sind von mannigfacher Art. Ich beginne mit einer physiologischen Erscheinung, die allerdings nicht entscheidend, aber in Verbindung mit anderen Seiten der Frage doch wohl immerhin höchst beachtenswerth ist. Der merkwürdige lichte Typus, die Farbenverbindung der blonden Haare und blauen Augen ist im Wesentlichen auf indogermanische Völker beschränkt. Im Norden nehmen finnische Nachbarvölker einigen Antheil an dieser Originalität, außerdem findet sie sich gar nicht; im Süden verliert sie sich, hier mehr, dort weniger, selbst bei den Indogermanen. Wie sollen wir uns dies Verhältniß erklären? Wenn Haare und Augen der Hindu's schwarz, und sogar die Hautfarbe gelblich geworden ist, so wird dies schwerlich anders als aus der Vermischung mit den Ureingeborenen Indiens erklärt werden. Etwas Aehnliches ist überall wenigstens möglich, wo wir dunkle Indogermanen finden. Aber da, soviel wie wir wissen, nie ein nichtindogermanisches Volk existirt hat, von dem die nördlichen Indogermanen die lichte Farbe hätten annehmen können, so sind wir vom ethnologischen Standpunkte aus gewiß eher berechtigt, den lichten Charakter überall, wo wir ihn finden, für den unvermischten indogermanischen Typus zu halten. Schon dies spricht dafür, daß die Indogermanen da am Unvermischtesten geblieben sind, wo sich der blonde Typus am Reinsten zeigt; und es ist bekannt, wie sehr dieser grade bei den Germanen den Römern auffiel. Es ist nun wohl schwerlich zu viel gefolgert, wenn für dasjenige Volk, das den ursprünglichen Typus am Reinsten bewahrt hat, und am Wenigsten mit stammfremden Völkern in Berührung getreten ist, auch die Wahrscheinlichkeit in Anspruch genommen wird, am Meisten Autochthonen zu sein.

Schon auf einem ägyptischen Denkmale des vierzehnten Jahrhunderts v. Chr. findet sich in einer Gruppirung verschiedener Menschenracen, neben Aegyptern, Negern und Semiten auch eine meisterhaft treue Darstellung eines Mannes mit der vollendetsten weißen Hautfarbe, blauen Augen und blonden Haaren. Bereits Champollion hat in diesem überraschenden Bilde einen Europäer erkannt. Daß schon damals die Aegypter solche Menschen kannten, ist höchst merkwürdig. Welchem Volke sie angehört haben mögen, werden wir vielleicht später besprechen; um voreiligen Zweifeln zu begegnen, müssen wir jedoch bemerken, daß diese Menschen, sie mögen gewohnt haben, wo sie wollen, und noch so weit gewandert sein, doch für die so viel frühere Zeit vor der indogermanischen Wanderung nichts beweisen können. Denn daß die Indogermanen jedenfalls vor dem achtzehnten Jahrhundert nach Asien gewandert sein müssen, beweist ein anderes ägyptisches Denkmal aus dieser Zeit, wo ein Affe mit einem indischen oder doch arischen Namen kaf (Sanskrit kapi) bezeichnet ist. Auch die Chinesen müssen sehr früh blondhaarige Menschen gekannt haben; denn „das schwarzhaarige Volk" ist ein Ehrenname, den ihnen selbst schon die alten Lieder des Schi-King beilegen. Für eines der Lieder in dieser Sammlung, und offenbar eines der nicht gerade ältesten, haben wir ein astronomisches Datum: es ist das Jahr 777 v. Chr.

Wichtige Anhaltspunkte zur Entscheidung über das Urvaterland der Indogermanen liegen in den Folgerungen, die sich aus dem Wort- und Ideenkreise der indogermanischen Stämme ergeben. Seit Adalbert Kuhn angefangen hat, aus einer Durchmusterung des Sprachschatzes, wie er den stammverwandten Völkern gemeinsam ist, Schlüsse auf den Culturzustand des Urvolkes zu ziehen, haben die Vorstellungen von dem Völkerleben jener Zeit täglich festere Umrisse angenommen. So wenig Schlegel im Rechte war, die Bildung eines einzelnen, geschichtlich bekannten Volkes auf die Urzeit zu übertragen, so würde es doch gänzlich falsch sein, wenn man sich den Zustand der vorhistorischen Indogermanen als ein unfertiges Keimleben, oder als eine Art von halbmenschlicher Wildheit vorstellen wollte. Das Urvolk war ohne Zweifel äußerst roh, aber es besaß eine staatliche Organisation, trieb Viehzucht, Ackerbau und sogar Handel, und hatte Erzeugnisse der Kunstfertigkeit und der Industrie, die eine verhältnißmäßig hohe Culturstufe und einen nicht unbedeutenden Völkerverkehr bekunden. Es war mit andern Worten ein wirkliches Volk, höher gebildet als manche der außer Europa noch jetzt bestehenden. Wenn wir das Wort naus, Schiff, ganz übereinstimmend im Griechischen und Sanskrit finden, und im Lateinischen dafür navis, im Deutschen Naue, Nachen, so läßt sich nicht zweifeln, daß dieser gemeinsame Name in der Gemeinsamkeit des Gegenstandes seinen Grund haben, der Besitz des Schiffes älter als die Trennung der genannten Sprachen sein muß. Auf dieselbe Weise finden sich aber Wagen, Rad oder Welle, Achse und Joch bis nach Indien wieder; die alten Indogermanen fuhren also nicht nur zu Schiffe, wie auch die sogenannten Wilden thun, sondern sie bedienten sich daneben, was gar nicht auf einen unreflectirten Zustand deutet, der von Thieren gezogenen Wägen. Einen sehr reichen, geistvoll behandelten Stoff zur Beurtheilung des Völkerlebens der Indogermanen bietet Adolphe Pictet's Buch „les origines indo-européennes" (Paris, I. partie 1859, II. p. 1863), worin Natur und Menschenleben, wie sie sich in dem begrifflichen Besitze der indogermanischen Sprachen darstellen, mit großer Vollständigkeit zusammengetragen sind. Man kann freilich aus dem Besitze eines Wortes auch wohl zu viel schließen. So ist z. B. aus der Uebereinstimmung, die der Name des Hundes in den sämmtlichen indogermanischen Sprachabtheilungen bietet, auf den Besitz dieses Hausthieres geschlossen worden, während es im Gegentheile mehr als wahrscheinlich ist, daß in der Urzeit der Hund noch wild und den damaligen Indogermanen nur in ungezähmtem Zustande bekannt gewesen ist. Ein noch bedenklicherer, und doch ziemlich allgemeiner Irrthum wird bei Erwägung der Art, wie die Völkertrennung vor sich gegangen sein muß, leicht begreiflich werden. Es läßt sich gewiß nicht annehmen, daß der einst vereinigte Kern so vieler Nationen irgend einmal nach allen Seiten zugleich auseinandergestoben sei, um so die aus ihm hervorgegangenen gegenwärtigen Völker zu bilden. Die Trennung muß zu verschiedenen Zeiten, successiv vor sich gegangen sein. Der Thatbestand der Sprachverwandtschaft erhebt diesen Satz über allen Zweifel. Sanskrit und Altpersisch oder Zend stehen sich z. B. so außerordentlich viel näher, als etwa Sanskrit und Lateinisch, daß nothwendig, wie Niemand bezweifelt, die Perser mit den Indern noch eine specielle Verwandtschaft haben müssen, die sich daraus erklärt, daß die Trennung dieser beiden Völker noch nicht so sehr alt ist, lange nicht so alt wie die der Römer und Inder. Zwischen dem Litthauischen und Slavischen findet ein ähnliches specielles Verwandtschaftsverhältniß statt. Man sieht leicht, wie voreilig es wäre, ein Wort, das man bloß im Persischen und Sanskrit findet, als einen uralten Besitz der Indogermanen zu betrachten; und einen solchen Irrthum wird ein Sprachforscher sich wohl nicht leicht zu Schulden kommen lassen. Solange aber von einigen andern Völkern die Reihenfolge noch nicht genau bekannt ist, in der sie sich von dem Grundstamme gesondert haben, ist die Gefahr ähnlicher Fehlschlüsse sehr groß. So sagt z. B. Benfey (in dem Vorwort zu Fid's „Wörterbuch der indogermanischen Grundsprache"), indem er die hohe Culturstufe, auf der die alten Indogermanen gestanden haben müssen, schildert: „sie ... hatten Waffen, speciell Pfeile; sie malten und dichteten, speciell Hymnen." Das

Wort, worauf sich der Schluß hinsichtlich des Besitzes der Pfeile bezieht, kann kein anderes sein, als das griechische ios, Pfeil, das mit dem Sanskritwort ischus nahe verwandt ist. Aber wenn den Griechen und Indern zur Zeit, wo sie noch vereinigt gewesen sind, allerdings Pfeile bekannt waren, folgt daraus, daß sie es dem eigentlichen Urvolke, das beispielsweise auch die Vorfahren der Germanen umschloß, ebenfalls gewesen seien? Es ist nämlich aus manchen Gründen sehr wahrscheinlich, daß die Griechen den Indern und Persern zwar nicht eben so nahe wie Inder und Perser unter sich, aber doch auch besonders nahe verwandt sind, und länger mit ihnen vereinigt gewesen sein müssen, als die germanischen und gallischen Stämme, vermuthlich sogar als die italischen. In keiner der Sprachen nun, die demnach entfernter als das Griechische mit dem Sanskrit verwandt sind, findet sich ein mit dem Worte ischus vergleichbares Wort für Pfeil; im Gegentheile gebraucht jeder Zweig des indogermanischen Sprachstammes für Pfeil und auch für Bogen ein besonderes Wort; die Römer z. B. sagen für Bogen und Pfeil arcus und sagitta, die Russen luk und strjela, während sich z. B. für das Schwert bei den Indern asis, bei den Römern ensis, also ein gemeinsamer Name findet. Man muß also ganz im Gegentheile schließen: das Urvolk der Indogermanen kannte den Bogen nicht. Unser Wort Bogen bedeutete in der Urzeit den Bogen des Armes, den Ellnbogen (Sanskrit bâhus, griechisch pêchys). Was die Malerei der Indogermanen betrifft, so werden wir bald darauf zurückkommen. Von den Hymnendichtungen hingegen gilt das Ebengesagte gleichfalls. So sehr es wahrscheinlich sein mag, daß jenes Volk auch nicht ganz ohne Lieder gewesen sei, so gibt es doch

keinen sprachlichen Beleg dafür; hymnos, woran Benfey
denkt, beweist, aus einem ähnlichen Grunde, nichts.

Wie man sieht, ist es nöthig, die Anschauung von dem
indogermanischen Urvolk etwas zu modificiren. Es gibt nicht
Ein solches Urvolk, sondern mehrere, die in Schichtungen
aufeinanderfolgen. Eine der jüngeren Schichten wird durch
die Zeit dargestellt, wo Inder und Perser noch ein einziges
Volk bildeten; man kann sie die arische Zeit nennen. Eine
ältere Schicht zeigt uns die Zeit der Vereinigung des arischen
Volkes auch mit den Griechen: nennen wir sie die ario-
hellenische. Sehr vieles, was man für gesammtindo-
germanisch gehalten hat, ist bloß ariohellenisch. Die Ariohellenen waren in einem ganz andern Sinne ein hochculti-
virtes Volk, als die Indogermanen. Sie hatten wirkliche,
ohne Zweifel priesterliche Poesie in ausgebildeten, regelrechten
Versmaßen. Ueber diesen Zeitraum wird es bereinst noch
gelingen, ein helles, fast historisches Licht zu verbreiten.

Mit der Frage nach dem Volke verändert sich auch die
nach dem Ursitze. Nachdem man es aufgegeben hatte, Indien
für diesen zu halten, nahm man die arische Region, die
Heimath der noch ungetrennten Inder und Perser, den Nord-
westen Indiens, für die Heimath aller Indogermanen an.
Von hier mußten die verwandten Völker, eines nach dem
andern, ausgewandert sein. Inder und Iranier mit ihren
zahlreichen Verzweigungen blieben bis zuletzt zurück, und
schieden sich endlich, die Einen ostwärts, die Andern west-
wärts wandernd. Latham setzt eine indogermanische Bevölkerung in Europa voraus, zu der bereinst auch die Inder
gehörten; er sucht die Sitze, die die Inder auf europäischem
Boden eingenommen haben, zu bestimmen, und nimmt hypo-

thetisch Podolien oder Volhynien dafür an, geleitet von einer
allerdings einseitigen Auffassung einer besonders nahen Verwandtschaft des Sanskrit zum Litthauischen. Benfey führt
sehr treffend für einen europäischen Ursitz den Mangel gemeinsamer Namen für die speciell asiatischen Thiere, z. B.
Tiger und Kameel, an. Bereits Pictet hat in seinem schon
angeführten ausgezeichneten Buche die gleiche Methode angewendet und aus einem reichen Vorrathe der übereinstimmenden und abweichenden Bezeichnungen für Naturgegenstände
auf das Land zu schließen versucht, auf welches die mit einem
gleichen oder ähnlichen Worte benannten Objecte verweisen.
Er schließt z. B. ebenso wie Benfey aus der offenbaren Identität slavischer, lateinischer und deutscher Wörter für Meer
unter sich und mit dem Sanskritworte mira, Ocean, daß
die Indogermanen der Urzeit ein Meer gekannt haben müssen.
Er findet dieses Meer in dem Caspischen, und den Ursitz der
Indogermanen in Baktrien und dem Oxusthale.

Wenn wir im Auge behalten, daß der Wohnsitz der
Ariohellenen vor Constituirung eines gesonderten griechischen
Volkes noch nicht der Ursitz der Indogermanen gewesen sein
muß, indem ja die Ariohellenen ebensowohl durch ihre eigene
Wanderung isolirt werden konnten, als durch die Auswanderung ihrer Brüder, so werden wir in Betreff des Materials, aus welchem sprachliche Schlüsse für die Urheimath
der Indogermanen zu ziehen sind, ebenso zu verfahren haben,
wie bei den Schlüssen, die die Culturstufe und die Lebensweise betreffen. Völker und Sprachen entstehen nicht stoßweise; auch die Wanderungen, die die Hauptzweige der indogermanischen Völkerwelt geschaffen haben, sind schwerlich als
plötzliche, launenhafte oder gewaltsame Ausbrüche zu verstehen.

In sehr vielen Fällen schreitet ohne Zweifel die Verbreitung
allmählich vor sich, und ebenso allmählich tritt die Entfrem=
dung und mit ihr der scharfe Sprachgegensatz ein. Daher
ist vielleicht der erste Ausgangspunkt der ganzen Bewegung
noch leichter zu finden, als die Zwischenstufen. Für diesen
ersten Ausgangspunkt nun, oder die Urheimath der Indo=
germanen gibt es ein ziemlich bezeichnendes Merkmal in der
Baumvegetation, wie sie in Sprachen, die so lange
getrennt sind, wie das Deutsche und Sanskrit oder das
Deutsche und Griechische, sich darstellt. Hier treten namentlich
drei Bäume in den Vordergrund, deren Namen in einer
und derselben Zeit gebildet worden sein, und die daher in
der Region, wo sie gebildet wurden, zusammengestanden
haben müssen; es sind die Birke, die Buche und die Eiche.

Die Birke ist bekanntlich derjenige Baum, dessen Name
sich in Indien und dem größten Theil von Europa am Ent=
schiedensten übereinstimmend wiederfindet. Sie heißt im Sans=
krit bhûrdschas, litthauisch berżas, russisch bereza; das
litthauische ż lautet wie ein französisches j; in dem russischen
Worte, das durch die Berezina, d. i. Birkenwald, eine so
schreckliche Berühmtheit erlangt hat, ist z wie im Französischen
als weiches s auszusprechen. Man kann von der kleinsten
Lautabweichung, die diese Namen von unserem Birke trennt,
Rechenschaft geben. Die altindogermanische Form muß bhōr=
gás gewesen sein. Das kurze ĕ ist ein tonloser, unbestimmt
ausgesprochener Vocal, der sich im Deutschen zu i, im Sans=
krit zu u ausbildete. In einer noch älteren Zeit hatte das
Wort ohne Zweifel bhargas gelautet. Die Verwandlung
des ursprünglichen g in ein deutsches k erfolgte gesetzlich nach
der von Grimm sogenannten Lautverschiebung; der Uebergang

in dsch im Sanskrit, in welches s im Russischen, ist nicht
auffallender, als wenn z. B. Kurusch, Cyrus, italienisch
Ciro, „Tschiro", französisch Cyrus gesprochen wird. Auch
daß bh im Deutschen, Litthauischen, Russischen zu b werden
mußte, ist ganz regelmäßig.

Was bedeutete der Name der Birke für die alten Indogermanen? Die Anschauung, die eine so frühe Zeit bei der Benennung der Bäume geleitet haben mag, ist an und für sich gewiß interessant, und in diesem Falle ist die Namengebung noch von einem ganz besonderen Interesse. Grimm verzichtet auf die Erklärung des Wortes. Er sagt: „die Wurzel liegt ganz im Dunkel." Pictet nimmt eine Verwandtschaft mit Borke an, und diese Erklärung ist allerdings sachlich sehr passend, denn die Birkenrinde wurde schon in alten Zeiten vielfach benutzt, unter Anderem in Indien, wie Pictet selbst anführt, zum Schreiben. Dennoch glaube ich in „Birke" einen von der Farbe ausgehenden Namen erkennen zu müssen. Das Birkhuhn wird gewöhnlich als ein in Birkenwäldern und von Birkenknospen lebendes Huhn aufgefaßt. Aber abgesehen davon, daß dieses keineswegs die einzige Lebensweise dieses Vogels ist, der sogar in den baumlosen Steppen Südrußlands gefunden wird (worüber Kohl, von dem in dem Namen liegenden Vorurtheil ausgehend, sich nicht wenig wunderte), wie sollen wir dann wohl Birkfuchs verstehen? Baum, Vogel und Fuchs haben aber deutlich etwas mit einander gemein: der Birkfuchs ist ein Fuchs mit weißer Blume (Schwanzspitze; Blume bedeutet hier soviel als Fleck, vgl. mein eben erschienenes Buch „Ursprung der Sprache" S. 243) im Gegensatz zum Brandfuchs, der eine schwarze Blume hat. Das Birkhuhn ist weißlich gefleckt, die Rinde der Birke ebenfalls. Auch **Haſelhuhn** pflegt man von der Haſelſtaude zu erklären. Aber das engliſche **haze** heißt **grau**, und ohne Zweifel bedeutet nicht nur die Haſelſtaude eine „graue" Staude, ſondern auch der **Haſe** bedeutet nicht mehr und nicht weniger als „der Graue". Daher vielleicht auch die **Haſelmaus**, von ihrer ebenfalls aſchgrauen Farbe. Die letztere Analogie ſpricht auch dafür, daß die Silbe **Birk** nicht bloß birkenähnliche Färbungen bezeichnen ſolle, ſondern daß ſchon die Grundbedeutung **weiß**, oder mit hellen Flecken beſprengt, geweſen ſei; und es gibt eine leicht vergleichbare Wurzel, im Sanskrit **bharg**, deutſch **breh** oder **berh**, welche Licht und helle Farbe bezeichnet, und woher z. B. auch **Bertha** d. i. Berchta, die Glänzende, ſtammt. Demnach heißt Birke „die Weiße," und die wiſſenſchaftliche Bezeichnung, die der Baum noch heute trägt, „betula alba", läge ſchon in ſeinem uralten Namen. Die betula wird von Plinius ein **galliſcher** Baum genannt. In der That iſt der celtiſche Name der Birke **beith**, und obwohl abweichend, könnte er doch aus derſelben Grundform wie „Birke" entſtanden ſein, in welchem Falle dann betula ebenfalls ſchon „alba" bedeutete. Für die eben vermuthete Grundbedeutung „weiß" kann ich noch Folgendes anführen. Die Römer haben den Namen der Birke, den ſie für ihre einheimiſche Vegetation nicht gebrauchten, anderweitig verwendet. In **fraxinus**, dem Namen der Eſche (franz. frêne) hat man längſt ein mit Birke verwandtes Wort erkannt. Nun hat die Eſche mit der Birke gerade die weißliche Farbe gemein. Noch mehr, der Name Eſche bedeutet ſelbſt ebenfalls „weiß". Das entſprechende ruſſiſche Wort iſt jaſenj, Eſche, von **jasen**, hell. Mit dieſem ruſſiſchen Wort hängt nicht nur Esche (althochd. asc), sondern vermuthlich auch das lateinische ornus, wilde Esche, Mannaesche, zusammen, in welchem das r aus s entstanden sein kann.

Die Buche ist im lateinischen fagus nicht zu verkennen. Das deutsche u ist aus langem a entstanden, wie in Mutter, Bruder u. s. w. Dem lateinischen f entspricht b, dem lateinischen g deutsches ch ganz gesetzmäßig. Ebenso unverkennbar ist die Zugehörigkeit des griechischen phêgos. Aber — eine vielbesprochene Sonderbarkeit — das griechische Wort bedeutet nicht Buche, sondern eine Eichenart. Die gemeinsame Eigenschaft, die es möglich machte, einen Namen der Buche für den einer Eiche zu verwenden, hat man in der Eßbarkeit der Früchte — hier Eicheln, dort Bucheckern — gefunden, und demgemäß Buche von der im griechischen ephagon, ich aß, vorkommenden Bedeutung erklärt. Ich glaube, daß es sich hier ähnlich, wie bei der Uebertragung des Birkennamens auf die Esche verhält. Es war die dunklere Rinde, wie dort die helle, die den Vergleichungspunkt abgab. Ich berufe mich hier wie oben auf die Buchmaus, Bilchmaus, eine große Art Haselmaus, auf den Buchfinken, b. i. Rothfinken, und den Buchwaizen, obschon es für diese Namen allerdings auch andere Erklärungen gibt; und erinnere an das griechische phaios, grau. Uebrigens steht die Grundform von Buche, die bhâga gelautet haben muß, der von Birke, bharga, auffallend nahe, und dies kann um so weniger ein Zufall sein, als auch im Celtischen die Buche beath, die Birke beith heißt. Um die bedeutende Verschiedenheit unserer neuhochdeutschen Formen zu begreifen, muß man bemerken, daß rg überhaupt im Neuhochdeutschen rk wird, z. B. griechisch organ (ursprünglich vergon), deutsch

Werk; während im Uebrigen g im Neuhochdeutschen zu ch wird, z. B. ego, ich.¹ Ist es nun nicht merkwürdig, daß nicht nur Esche, sondern auch Eiche ganz ebenso gebildet sind? und da das aus g entstandene ch in Esche eine bloße Ableitung zu sein scheint, die in der russischen Form des Wortes fehlt, dürfen wir nicht schließen, daß auch in Buche, Birke und Eiche nur bha, bhar, ai den Stamm bilden? Aus diesem Grunde vermuthe ich auch, daß die Entstehung dieser Baumnamen einem und demselben Zeitraum angehört, da dies bei Wörtern, die nach einer so ganz gleichen Norm gebildet sind, der Fall zu sein pflegt.

Auch die Wurzel ai, welche, nach Abzug der Bildungssilbe, von Eiche zurückbleiben würde, scheint eine Farbe zu bedeuten, und zwar die schwarze. Im Griechischen finden wir den Namen aigilops für eine Eichenart, ein anderer Baumname ist krataigos; endlich heißt aigeiros die Schwarzpappel. Bei den Litthauern heißt die Eiche ažolas, auźolas oder użolus. Ich habe an einem andern Orte wahrscheinlich zu machen gesucht, daß die Silbe ai auch in „Eisen" schwarz bedeute, und mit einem sanskritischen Eigenschaftsworte von der Bedeutung „farbig" zusammenhänge.

Was wohl für die Griechen die Veranlassung gewesen sei, den Namen der Buche auf die Eiche zu übertragen? — Diese Frage hat Max Müller zu sehr scharfsinnigen, aber aber auch zu äußerst gewagten Vermuthungen geführt. Er macht zunächst auf eine ähnliche Uebertragung aufmerksam,

---

[1] Die englische Form beech entspricht eigentlich unserem Buche; ein dem Buche genau entsprechendes Wort würde ebenso das k bewahren, wie book Buch. Wie hier, so ist auch in birch der Dolal die Ursache der Verwandlung des k in ch, während z. B. die Borke bark heißt.

die mit dem Namen unserer Föhre vorgegangen sei, indem er denselben mit dem lateinischen quercus, Eiche, vergleicht. Hören wir hierüber den berühmten Sprachforscher selbst. „Auf den ersten Blick," sagt er, „sieht das englische fir oder deutsche Föhre dem lateinischen quercus nicht sonderlich ähnlich, und dennoch ist es dasselbe Wort. Wenn man das Wort Föhre ins Angelsächsische zurückverfolgt, so findet man es dort in der Form furh. Nach Grimm's Gesetz weist f auf p, h auf k hin, so daß wir uns im Lateinischen nach einem Wort umzusehen hätten, dessen consonantischer Bau durch prc dargestellt werden könnte. Die gutturalen und labialen Tenues werden gegen einander vertauscht, und so wie das angelsächsische fîf auf quinque hinweist, so führt furh zu dem lateinischen quercus, Eiche. Im Althochdeutschen bedeutet foraha pinus silvestris, im Neuhochdeutschen hat Föhre dieselbe Bedeutung; aber in einer Stelle, die aus den longobardischen Gesetzen Rothars citirt wird, wird foreha, offenbar dasselbe Wort, als der Name einer Eiche erwähnt (roborem aut quercum quod est fereha) und die Gebrüder Grimm geben in ihrem deutschen Wörterbuche ferch im Sinne von Eiche, und ein zweites Neutrum ferch als Blut, Leben.

Es würde nicht zu schwer fallen, eine Bedeutungsumänderung von Föhre oder Eiche oder Buche in den allgemeinen Begriff Baum oder umgekehrt zu erklären. Man findet das sanskritische dru, Holz (vgl. drums, Baum, dâru, Klotz), das gothische triu, englisch tree, im Griechischen hauptsächlich im Sinne Eiche, drys, gebraucht. Das irische darach, wallisisch derw bedeutet Eiche und nichts weiter. Es bleibt aber hier zu erklären, wie ein Wort, das Föhre bedeutete, Eiche, oder eines, das Eiche hieß, Buche bedeuten konnte, d. h. wie die Bedeutung von einem **besondern Baume** zu einem anderen **besondern Baume** überspringen konnte. Während ich diesen auffälligen Bedeutungswechsel betrachtete, las ich gerade Sir Charles Lyell's neues Werk „The antiquity of Man" und stieß daselbst auf folgende merkwürdige Stelle.

„Die Torflager haben sich in Dänemark bei einer zwischen zehn und dreißig Fuß schwankenden Tiefe, in Vertiefungen oder Einsenkungen in den nachher zu beschreibenden nördlichen Formationen von zusammengetriebenen und vereinzelten Steinen gebildet. Die unterste, zwei bis drei Fuß starke Schicht besteht aus Torfmoor, der sich hauptsächlich aus Moos oder sphagnum bildet, und darüber hat sich eine andere Schicht Torf angesetzt, die nicht ausschließlich aus Wasser- oder Sumpfpflanzen zusammengesetzt ist. Um die Ränder dieser Sumpflöcher und in verschiedenen Tiefen in denselben liegen Baumstämme, besonders der schottischen Föhre (pinus silvestris), oft drei Fuß im Durchmesser, welche am Rande der Torfmoore gewachsen und oft in dieselben hineingefallen sein müssen. Dieser Baum ist in historischer Zeit auf den dänischen Inseln nie einheimisch gewesen und ist es heute noch nicht; man hat ihn dort einführen wollen, er ist aber nicht fortgekommen, und dennoch ist er offenbar in einer Zeit, wo schon Menschen dort lebten, einheimisch gewesen, denn Steenstrup hat unter einem versunkenen Stamm einer solchen Fichte ein aus Feuerstein gearbeitetes Werkzeug hervorgeholt. Es erscheint ganz klar, daß dieselbe schottische Föhre später von der quercus sessiliflora oder der gemeinen Eiche verdrängt wurde, wovon viele niedergefallene Stämme

im Torfe vorkommen, aber in höheren Schichten als die
Föhren; und noch höher kommt die Stieleiche, die der ge=
meinen Eiche (quercus robur L.), zunächst steht, zugleich
mit der Erle, Birke (betula verrucosa, Ehrh.) und Hasel=
staude vor. Die Eiche ist ihrerseits in Dänemark von der
gemeinen Buche fast ganz verdrängt worden." (Vorl., übers.
v. Böttger, II. Serie S. 211 ff.) Den Schluß, zu dem
Max Müller auf diesem Wege gelangt, drückt er folgender=
maßen aus: "Die Thatsache, daß phegos im Griechischen
Eiche und nichts weiter bedeutet, während fagus im Latei=
nischen, boka im Gothischen Buche bedeutet, verlangt jeden=
falls eine Erklärung, und bis eine bessere gegeben werden
mag, wage ich die Vermuthung auszusprechen, daß teuto=
nische und italische Arier Zeugen des Uebergangs der Eichen=
periode in die Buchenperiode, des bronzenen Zeitalters in
das eiserne waren, und daß während die Griechen ihr phegos
in der ursprünglichen Bedeutung beibehielten, die teutonischen
und italischen Colonisten den Namen als ein allgemeines
Appellativum auf die neuen Waldungen übertrugen, welche
in ihrer heimathlichen Wildniß emporwuchsen." (Ebd. S. 223.)
Max Müller übersieht selbst die Schwierigkeiten nicht, die
diese Herbeiziehung geologischer Perioden zur Erklärung der
Bedeutungsübergänge einiger Wörter hat. Seine Vermuthung
ist in der That, wie wir sehen werden, unhaltbar. Die Ver=
drängung der Eiche durch die Buche ist bekanntlich weder
eine auf Dänemark vereinzelte, noch auch eine bloß vorwelt=
liche, oder überhaupt abgeschlossene Thatsache. Es ist ein in
den letzten Jahrhunderten und noch fortwährend in Deutsch=
land und Frankreich beobachteter, langsamer, aber, wie es
scheint, unaufhaltsamer Proceß. Die Buche, die im Schatten

fortkommt und zugleich fähig ist, lichtbedürftigeren Bäumen durch Ueberschattung das Licht zu rauben nnd so zur Verkümmerung zu bringen, verdrängt, wie Paupell und Heyer nachgewiesen haben, vermöge dieser Eigenschaften Schritt für Schritt nicht nur die Eiche, sondern in noch weit größerem Maße die Birke und Fichte aus unsern Wäldern und setzt sich an deren Stelle. Als Cäsar nach Britannien übersetzte, fand er die Buche daselbst noch nicht. In den holländischen Torfmooren an der Grenze von Ostfriesland sind im Jahre 1818 mächtige Holzbrücken zum Vorschein gekommen, die man auf die Feldzüge des Germanicus im ersten christlichen Jahrhundert zurückgeführt hat. Unter den Baumstämmen, die zu diesen Brücken verwendet wurden, findet man häufig Fichten und Birken, niemals Buchen. Hier haben wir historische, nicht einmal so sehr entfernte Zeitpunkte, wo die Buche in Länder noch nicht vorgerückt war, in denen sie heute ganz gewöhnlich ist. In der Normandie, wo gegenwärtig Buchenwälder häufiger sind, als in irgend einer andern Provinz Frankreichs, und wo hingegen die Fichte wenigstens keine natürlichen Waldungen bildet, zeigen die unterseeischen Wälder der Küste Fichten, Eichen, Birken, Ulmen und Haselsträucher, aber keine Buchen. Dagegen kommt die Buche fossil in den holsteinischen Mooren vor.

Wie man sieht, handelt es sich hier nicht um Gegensätze streng geschiedener geologischer Perioden, sondern um Verbreitung, Wanderung und allmähliches Ueberhandnehmen. Die Buche verbreitet sich von einem Punkte Europa's, der offenbar südlicher als die Küste der Ost= und Nordsee und westlicher als die noch jetzt hauptsächlich mit Nadelholz und Birken bestandenen preußischen Ostseeprovinzen gelegen haben muß. Hängt mit dieser Wan=

derung der Buche der Wechsel in der Bedeutung ihres indo=
germanischen Namens zusammen? Ist, mit andern Worten, die
Buche zu den Indogermanen gekommen, und hat den Namen
der Eiche usurpirt, wie sie den Boden ihrer Wälder usurpirte?
Eine einfache Betrachtung wird uns hierüber Klarheit
geben. Der Namen Buche kann nicht zuerst die Eiche be=
deutet haben; Buche ist sein ächter und ursprünglicher Grund=
begriff. Denn die Römer stimmen mit den germanischen
Völkern in dem Gebrauche des Wortes überein, und nur
die Griechen benutzen es in der Form phegos als Name
einer Eichenart. Die Abweichung von dem ursprünglichen
Gebrauche muß also unzweifelhaft bei den Griechen gesucht
werden; eine gemeinsame und übereinstimmende Abweichung
von Seiten der Römer und Germanen wäre ganz unerklärlich.
Damit fällt die ganze Analogie mit den paläontologischen
Zeiträumen von selbst zu Boden, und auch die Frage nach
der Beziehung des Namenswechsels zur Wanderung der Buche
müssen wir uns mit nein beantworten. Nicht daß die Buche
zu den Indogermanen gekommen ist, ja nicht einmal daß die
Indogermanen zur Buche gekommen sind, ist der Grund des
in den Worten zu beobachtenden Schwankens zwischen Buche
und Eiche. Es liegt hier ganz derselbe Fall, wie die oben=
besprochene Uebertragung des Namens der Birke auf die
Esche in dem lateinischen fraxinus vor. Beide lassen, wie
mir scheint, nur eine einzige Deutung zu. Die Römer, oder
vielmehr ihre nahen italischen Stammverwandten und Vor=
fahren, bevölkerten Italien von Norden her, und die Birke
verlor sich damit aus ihrem Gesichtskreis; die Griechen noch
weiter südwärts gelangend, bedurften nun auch für die Buche
des alten Namens nicht mehr: die Stelle der Birke nahm

in der Vorstellung der Italier die durch weißliche Farbe an sie erinnernde Esche, die Stelle der Buche für die Griechen eine ähnliche Eiche ein.

Was die Vergleichung von quercus mit Föhre betrifft, so ist dieselbe eben darum weniger sicher, weil im Althochdeutschen neben foraha, Föhre, auch ein anderes Wort feralia in der Bedeutung Eiche gefunden wird. Die vermittelnde Form percus, welche zwischen quercus und feraha angenommen werden muß, deutet auf das griechische perkos, schwärzlich. Die große Rolle, die die Farbe bei der Benennung der Bäume spielt, erinnert an eine ähnliche, bei der noch älteren Benennung der Thiere, und bezeugt uns, in wie hohem Grade der Mensch ein Augenthier ist, und wie allenthalben Sprache und Vernunft ihm aus dem Gesichtssinne emporwuchsen. Werden doch auch noch jetzt zu schärferer Unterscheidung die Farbenwörter in Baumnamen wie Rothbuche, Schwarzpappel, Weißtanne, oder in Schwarzwald u. dgl. mit Vorliebe verwendet. Die der Föhre und Eiche gemeinsame vermittelnde Bedeutung wäre demnach „schwarzer Baum," nicht etwa Baum im Allgemeinen. Auch hier müßte übrigens die von Müller angenommene Bedeutungsfolge wahrscheinlich umgedreht werden. Eiche ist der ursprüngliche, Römern und Deutschen gemeinsame, Föhre der bloß germanische Begriff. Wenn die Namen zusammenhängen, so kann nur eine partielle Wanderung eines Stammes aus einer Eichengegend in eine Föhrengegend die Ursache der Uebertragung gewesen sein. Es findet sich ein ganz ähnlicher Fall der gleichen Uebertragung. Das erwähnte drys, Baum und Eiche, findet sich im Littauischen in der Form derwa für Fichtenholz, Kienholz.

Daß die **Fichte** den Indogermanen vor ihrer Trennung bekannt war, geht aus ihren bei Griechen, Litthauern, Römern ebenso wie im Deutschen vorfindlichen Namen hervor. Außerdem kannten sie die Weide, die Esche, die Erle, die Haselstaude, aber schwerlich irgend einen eigentlichen Obstbaum, höchstens etwa eine Art primitiven Apfels. Dies, zusammengehalten mit der nachweislichen Geschichte der Buche, schließt die Vermuthung über ihre Heimath in nicht gar zu weite Grenzen ein. Die Eiche wog vor, wie der Gebrauch des allgemeinen „Baum" für Eiche bei Griechen und Celten zu beweisen scheint. Auch die Birke muß lebhaft auf die Phantasie zu wirken im Stande gewesen sein, um bis heute bei Völkern so verschiedener Gegenden ihre Namen fast unverändert erhalten zu können. Aber die Buche konnte nicht viel an Bedeutung zurückstehen, da ihr Name um dieselbe Zeit und auf ähnliche Weise gebildet wurde. Da die Buche um den Anfang der christlichen Zeitrechnung Holland und England noch nicht erreicht hatte und in der indogermanischen Urzeit wahrscheinlich noch weit weniger nördlich gekommen war, so müssen wir wohl bis in die unbestrittene alte Region dieses Baumes nach Süden hinaufschreiten, was für Deutschland etwa bis zum Thüringerwalde führen würde.

Was die Getreidefrucht betrifft, so steht es fest, daß die indogermanische Urzeit die Gerste kannte. Aber von dem Waizen ist dies im allerhöchsten Grade unwahrscheinlich. Das griechische zea, Spelt, stimmt zwar zu dem sanskritischzendischen javao, aber dieses ist eben Gerste, und das abgeleitete javasa bedeutet Futterkraut, das litthauische jawas allgemein: Getreide. Bei den Osseten auf dem Kaukasus ist jau Hirse. Von höchster Wichtigkeit ist dagegen die Bekannt=

schaft mit dem Roggen und das merkwürdige Verhalten seines Namens nach den verschiedenen gegenwärtigen Wohnsitzen der indogermanischen Völker. Durch die Vergleichungen Grimm's und Piclet's ist es festgestellt, daß das Sanskritwort vrîhi, Reis, mit Roggen, litthauisch ruggys, russisch rosh, eigentlich identisch ist, und daß sich die Bedeutungen auf die beiden Getreidearten je nach der klimatischen Verschiedenheit vertheilen. Unser Wort Reis ist zunächst aus dem französischen riz, dies aus dem griechischen oryza, welches aus dem persischen Worte für das indische vrîhi entlehnt sein muß, entnommen und aus der Ferne eingewandert. Daß aber nicht nur Slaven, Litthauer und Germanen die Bedeutung Roggen theilten, sondern daß auch die alten Thracier eben dafür das Wort briza hatten, ist ein höchst merkwürdiger Umstand, auf den ich in der Folge zurückkommen werde, und der beweist, daß die Bedeutung „Reis" bloß indopersisch und Roggen die wirkliche Grundbedeutung gewesen ist. Ein Strich, auf welchem Roggen und Gerste, und nicht auch Waizen gedeiht, möchte nur in Nordeuropa zu suchen sein; aber für eine sehr frühe Zeit müssen wir ohne Zweifel auch eine etwas südlichere Zone von der Cultur des Waizens ausschließen.

Ehe ich die botanische Begründung meiner These verlasse, um zu einer anderen Reihe von Gründen überzugehen, muß ich einer Pflanze erwähnen, die sowohl Piclet als dem Verfasser des „Wörterbuchs der indogermanischen Grundsprache" entgangen ist, und deren Vorkommen bei dem indogermanischen Urvolke dennoch von mehrfacher Seite unser hohes Interesse beanspruchen darf. Es ist die Waidpflanze, ein ächt europäisches Färbekraut, das in der Neuzeit durch die

Einfuhr des Indigo seine Bedeutung zum großen Theile verloren hat. Das Wort ist altindogermanisch, wenn es auch im Sanskrit begreiflicherweise nicht zu finden ist. Die griechische, lateinische und deutsche Form beweisen es hinlänglich. Im Griechischen heißt die Pflanze isatis oder isate, im Lateinischen vitrum. Sie muß jedoch im Griechischen eigentlich visatis geheißen und das v wie in allen Wörtern, in denen dasselbe vorkam, verloren haben. Das deutsche Waid ist aus Waisd entstanden, wie die mittelalterlichen lateinischen Formen waisda, wesdia, guaisdium, altfranzösisch guesde, jetzt guède, zeigen. Demnach scheint angenommen werden zu müssen, daß auch vitrum aus vistrum entstanden ist. Die Gallier nannten die Pflanze glastum oder guastum. Glas bedeutet in den celtischen Sprachen blau, grün, grau; und das auffallende Zusammenstimmen dieses glas mit unserm Glas, während das lateinische vitrum sowohl Waid als Glas bedeutet, hat schon Diefenbach sehr richtig so gedeutet, daß beide Gegenstände von der bläulichen Farbe benannt sein möchten. Man muß dabei bedenken, daß das Glas ursprünglich nichts weniger als farblos war, wahrscheinlich ist das grüne das älteste gewesen; die Blätter der Waidpflanze (wenn nämlich diese, und nicht etwa der Saft, bei dem Namen berücksichtigt wurden) sind ebenfalls hellblaugrün, und die Silbe vis muß den Indogermanen zunächst die grüne Farbe, die aber weder von der blauen noch der grauen scharf unterschieden ward, bezeichnet haben. Das lateinische viridis, grün, damit zu vergleichen, macht nicht die geringste etymologische Schwierigkeit; idis ist eine Endung, die gewöhnlich idus lautet und so bei vielen Adjectiven, die Farben benennen, vorkommt, z. B. pallidus, bleich; daß s zwischen

Vocalen im Lateinischen in r überzugehen pflegt, ist eine bekannte Sache: die Wurzel von viridis ist also vis. In einer etwas späteren Zeit wurden nun aber auch blaue Gegenstände mit Wörtern aus dieser Wurzel bezeichnet, und zwar namentlich einige Blumen. Es ist mehr als wahrscheinlich, daß der griechische Name des Veilchens ion aus vion, und dieses wieder aus vison entstanden ist; die Römer bildeten aus vion viola, indem sie eine Verkleinerungssilbe anhängten; aus dem lateinischen Worte ist dann wieder unser Veilchen entstanden. Die Inder haben eine andere blaue Blume mit demselben Namen bezeichnet: vischa-puschpa, die „Visu-Blume" (denn sch steht hier nach einem bekannten sanskritischen Lautgesetz statt s), auch visint, ist der blaue Lotus. Dagegen ist vischada grüner Vitriol, was uns daran erinnert, daß auch Vitriol ebenso von dem erwähnten lateinischen vitrum stammt. Ursprünglich bedeutete aber visa jede trübe Flüssigkeit; daher heißt im Sanskrit vischa, im Lateinischen virus, im Griechischen ios Gift oder Geifer, das griechische Wort auch Rost, den die Sprache als Schmutz auffaßt. Von dem Begriff „trübe Flüssigkeit" ging das Wort auf den der färbenden Flüssigkeit über, die anfangs nicht nothwendig eine grüne oder blaue sein mußte; im Sanskrit heißt viçada sogar weiß.

Die vorstehenden Ausführungen mögen vielleicht allzuweitläufig erscheinen; aber da sie mit der Frage zusammenhängen, wie weit die Urzeit die blaue und grüne Farbe schon unterschied, durften sie doch nicht übergangen werden. Was mochte aber den Indogermanen in jenem fernen Zeitraume für die Waidpflanze ein solches Interesse einflößen, um ein ihr sonst kaum geläufiges Farbenwort für ihre Benennung zu verwenden? Da keine andere Pflanze sonst einen gemeinsamen Namen von der Wurzel vis führt, so muß der Waid die eigentliche „blaue Blume" der Urzeit, das Urbild des Veilchens und der Lotusblume gewesen sein. War es nun etwa die „Malerei" der Indogermanen, die ihnen die Waidpflanze wichtig machte, oder färbten sie bereits, wie das classische Alterthum, ihre Wollenzeuge mit derselben? Eine interessante Thatsache, die mehrere alte Schriftsteller uns berichten, läßt hierüber wohl keine Dunkelheit. Sie betrifft die Britannier. Cäsar, Plinius und Pomponius Mela bezeugen uns, daß es der eigene Körper war, den die alten Briten mit Waid zu färben pflegten. Nach Plinius beschmierten sich bei gewissen Festen die Britannierinnen am ganzen Körper mit gallischem glastum, „die Farbe der Aethiopier nachahmend." Cäsar sagt, alle Britannier färbten sich mit Waid (vitro) blau (caeruleum), und sie sähen dadurch in der Schlacht um so fürchterlicher aus." Pomponius sagt, es sei ungewiß, ob die Britannier ihre Körper des Schmuckes wegen oder aus einer sonstigen Ursache mit Waid färbten. Wenn uns diese ohne Zweifel religiöse britannische Sitte eine wunderbare Parallele zu den Indianern der neuen Welt bietet, so fehlt es auch nicht an sicheren Zeugnissen, daß die Briten sich förmlich tättowirten: auf dieselbe Weise, wie sich dies auf der ganzen Erde wiederholt, zeichneten sie sich durch Nadelstiche Figuren auf die Haut, die alsdann mit Farbe (atramento) überzogen wurden. (Isidorus Hisp. Or. IX, 2, 103 und XX, s. Diefenbach Orig. eur. s. v. Britones). Herodian gibt an, sie hätten sich nicht bekleidet, um die Bilder auf der Haut sichtbar zu lassen, und trügen fast nur eiserne Reife um Nacken und Leib. Nach Cäsar kleideten sie sich jedoch in Thierhäute. Auf Berichte über Menschenfresserei in Britannien noch im fünften christlichen Jahrhundert hat vor kurzem Petersen aufmerksam gemacht. Wenn man die Wildheit dieser ältesten indogermanischen Bewohner der britischen Inseln mit der verhältnißmäßig großen Bildung der ihnen nahe verwandten Gallier vergleicht, so ist es nicht möglich, den Zustand derselben aus einem Rückschritte zu erklären. Gesetzt, daß die Britannien bevölkernden Celten nicht-indogermanische wilde Ureinwohner vorgefunden hätten, so würde doch die Einwirkung derselben auf ein höherstehendes Volk nicht hingereicht haben, es auf diese Stufe herabzudrücken, sowenig als es seine Sprache aufgab. Andererseits ist es bekannt, daß die erste Ursache des Bildungsfortschrittes der Gallier die Gründung der griechischen Colonie zu Marseille um das Jahr 600 v. Chr. gewesen ist.

Es ist wahrhaft erstaunlich, wie von jedem Punkte, den ein griechischer Fuß betrat, Bildung in weiter Ferne sich verbreitete; die Gallier verdankten griechischem Einflusse den Vorsprung, den sie im ganzen Alterthum vor den Germanen voraus hatten. Die Gallier erlernten von den Griechen das Alphabet und lehrten dasselbe wieder den Germanen, deren Runen auf diese Weise entstanden sind; wie denn überhaupt die Germanen in demselben Maße civilisirter waren, als sie mit Galliern in Verbindung standen. In der späteren Zeit nahmen die Gallier begierig römische Bildung auf, und der nicht immer richtig geschätzte Einfluß, den Frankreich von jeher und fast zu allen Zeiten auf deutsche Literatur, Wissenschaft und Lebensweise geübt hat, beruht auf seinem frühen und ununterbrochenen Zusammenhang mit den alten südlichen Culturen. Was hingegen die Celten vor ihrer Berührung mit diesen bildenden Einflüssen gewesen sind, stellt offenbar der Zustand der Britannier am Unverfälschtesten dar, obwohl auch hiervon noch Manches abzuziehen sein wird, da der Verkehr mit den Celten des Festlandes lebhaft blieb und z. B. nach Cäsar neben Eisen Erz als Geld diente, das nicht auf der Insel heimisch, sondern eingeführt war. Was das Klima betrifft, so hatte es in Britannien nichts, wovon man einen verwildernden Einfluß erwarten könnte; es war im Gegentheile Britannien milder, als das bei den Römern wegen seiner Kälte berüchtigte Gallien. Wir haben in den rohen Bewohnern Britanniens offenbar die ursprüngliche Stufe der celtischen Bildung vor uns; und man wird gewiß nicht geneigt sein, in diesen wilden Celten ein hochcivilisirtes arisches Urvolk vorauszusetzen, das auf seinen weiteren Wanderungen bis zur Stufe tättowirter Wilden herabgesunken sei, sondern es gewiß wahrscheinlicher finden, daß es die unveränderten, unentwickeltsten Formen des indogermanischen Wesens sind, die wir hier im Norden zurückgeblieben finden. Und ist der erwähnte, in den Grabgemächern des Königs Sethos dargestellte hellfarbige Mensch wirklich ein Indogermane, und dann selbstverständlich bei weitem das älteste indogermanische Individuum, von dem wir wissen, so stimmt sein Bild mit solchen Vorstellungen sehr wohl überein: denn er ist ebenfalls tättowirt. Die Britannier sind allem Anscheine nach in einer sehr alten Zeit von Gallien aus nach ihrer Insel gewandert, und haben den Charakter ihres Mutterstammes auf der primitiven Stufe, die derselbe zur Zeit ihrer Auswanderung einnahm, treuer bewahrt. Dafür spricht schon die religiöse Bedeutung, die Britannien nach Cäsar's Nachrichten für die Gallier des Festlandes hatte, die ihre Söhne auf die dortige Priesterschule der Druiden sendeten, woselbst sie viele Tausende heiliger Verse zu lernen hatten: ein Verhältniß, das ohne einen altehrwürdigen Sitz der Priesterschaft kaum denkbar ist, ja vielleicht auf zurückgewanderte britische Colonien in Gallien selbst schließen lassen könnte, die in der Verbindung mit den britischen Druiden die mit ihrer Heimath sahen.

Mit der Voraussetzung, das Urvolk der Indogermanen sei ein nordisches gewesen, verträgt sich auch vollkommen, was uns die Sprachen über klimatische Verhältnisse verrathen. Der gemeinsame Wortvorrath zeigt uns Schnee und Eis, Winter und Frühling, aber nicht Sommer und Herbst. Der tiefe und bleibende Eindruck, den die Winterkälte auf jenes Volk gemacht haben muß, ist Pictet nicht entgangen. Auch wählt er darum unter den südlichen Gegenden, in die er dasselbe versetzen zu müssen glaubt, die kälteste und rauheste; aber es ist dies offenbar inconsequent, und wenn wir die Sache ohne Vorurtheil betrachten, so müssen wir in einem kalten Klima zunächst nicht ein solches, das seinen Gebirgen oder einer Zufälligkeit des Locales diese Natur verdankt, sondern ein nordisches vermuthen. Pictet erwähnt der Dreizahl der Jahreszeiten: Frühling, Sommer, Winter bei den vedischen Indern, und führt auch die Worte des Tacitus an, daß bei den Deutschen „Winter, Frühling und Sommer Begriff und Wörter (intellectum ac vocabula) haben, des Herbstes Namen so sehr als Güter unbekannt sind." Schon um dieser merkwürdigen Stelle willen dürfen wir wohl sagen: wenn der Sitz des indogermanischen Urvolkes nicht Deutschland war, so muß er wenigstens in Beziehung auf Temperatur und Eindruck der Jahreszeiten dem Deutschland noch des Tacitus ganz ähnlich gewesen sein. Zu der Annahme eines zwar gemäßigten, aber doch frostigen Klima's stimmt auch die Armuth der indogermanischen Sprachen an gemeinsamen Insectennamen; wie denn z. B. die Spinne keinen alten Namen hat (man müßte denn etwa das russische pauk und das cymrische copyn, angelsächsisch coppa, englisch cob mit einander vergleichen wollen; denn aranea ist aus dem griechischen arachne nur entlehnt) und auch die Wanze jene alten Väter von Europa verschonte. Ameisen, Bremsen, Mücken waren vorhanden. Säugethiere, die sie unzweifelhaft kannten, sind: Rind, Schaf, Schwein, Pferd, Hirsch und Hund; Bär, Wolf, Maus, Dachs (griechisch trochos) und wahrscheinlich auch der Fuchs. Daß sie den Schakal nicht kannten, ist wohl sicher. Von Interesse ist der Biber und die viverra, ein Wort, von dem es schwerlich auszumachen ist, ob es ursprünglich Marder, Frettchen, Wiesel oder Eichhorn bezeichnete. Die Griechen, bei denen es Eichhorn bedeutet, haben den Namen in skiuros verderbt, was „Schattenschweif" zu heißen scheint. Es ist dies nur eine jener bekannten naturetymologischen Wortentstellungen, die bei diesem Worte ganz besonders gespielt haben. Aus dem Griechischen ins Lateinische, und dann ins Französische übergegangen, nahm es die Formen sciurulus, écureuil an, und aus der französischen Form ist sowohl unser Eichhorn, als auch eine Reihe anderer Entstellungen schon der alten germanischen Dialekte entstanden. Von unserem Worte Katze ist es ebenfalls nicht ganz sicher, ob es nicht eigentlich für Wiesel im Gebrauch gewesen sei, ebenso wie felis zwischen dem gleichen doppelten Gebrauche schwankt. Die älteste Form von Katze ist am Getreuesten im ossetischen gado erhalten, und dies ist wohl mit dem griechischen galee, Wiesel oder Katze, ein und dasselbe Wort. Unter den allem Anscheine nach zahlreichen Vögelarten mögen nur, als eine Auswahl des Sichersten, der Geier, der Rabe, der Staar, die wilde Gans, die Ente genannt sein; schwerlich kannte man die Taube. — Ein allgemeines Wort für Wurm war vorhanden; ebenso eines für Schlange. Die Fischotter und der Aal waren bekannt, aber kein sonstiger Fischname scheint sich zu finden, und ebensowenig ein gemeinsames Wort für Muschel. Wenn wir diesen Umstand mit der Annahme vergleichen, daß das Urvolk der Indogermanen mit dem Meer vertraut gewesen sei, so läßt sich nicht verkennen, daß dieselbe dadurch sehr erschüttert wird. Das bloße Vorhandensein eines Wortes für Meer kann dies durchaus nicht beweisen, da jedes einigermaßen regsame und nicht ganz außer allem Weltverkehr lebende Binnenvolk von der Existenz des Meeres erfahren muß. Zudem haben aber die Indogermanen noch nicht einmal einen Ausdruck, der eigentlich und ausschließlich das Meer bezeichnete. Meer bedeutete nicht nur auch Landsee, sondern sogar auch noch Moor, Morast. Es gibt ferner kein altindogermanisches Wort für Salz. In den Wörtern für Welle gehen alle Sprachzweige auseinander. Der Sund der nordischen Meere erscheint im Sanskrit als sindhu, Strom, wieder, und ist hier zum Eigennamen des Indus und für uns nach dem Vorgange der Perser sogar zu dem Indiens geworden. Sogar für die Auster mußten die Bewohner der Nordsee einen griechischen Namen erborgen. Endlich hat sich das indogermanische Urvolk bei seiner Schifffahrt wohl der Ruder, aber nicht der Segel bedient, deren Kenntniß ihnen, wenn sie an dem Meere gewohnt hätten, doch wohl kaum hätte entgehen können. Von Metallen kannten die Indogermanen das Gold; weit weniger sicher ist für die früheste Zeit das Silber. Kaum zu bezweifeln ist ihre Bekanntschaft mit dem Eisen, da die Uebereinstimmung zwischen dem Deutschen, Sanskrit und Zend hier ganz deutlich spricht; aber ich bezweifle, ob sie Erz oder Kupfer kannten: denn die Uebereinstimmung, die sich zwischen dem lateinischen aes und dem griechischen ais findet, kann sehr leicht daher rühren, daß die Gothen das lateinische Wort entlehnten; und das griechische chalkos heißt zwar bei Homer Kupfer und erst bei Pindar auch Eisen, aber da ein verwandtes russisches Wort nur Eisen bedeutet, und auch das griechische chalkis Name eines schwarzen Vogels ist, so halte ich dennoch Eisen für den älteren, erst später auf ein anderes Metall übertragenen Begriff. Andere Metalle als Gold und Eisen, und vielleicht Silber und Erz kannten die Indogermanen nicht; ebensowenig Edelsteine oder Perlen.

Ich muß hier abbrechen, indem ich eine weitere Reihe von Argumenten für eine spätere Abhandlung verspare. Wenn das bis jetzt Vorgebrachte den Satz, daß das Urvolk der Indogermanen in Deutschland heimisch war, noch hypothetisch erscheinen lassen, wenn es vielleicht überhaupt nicht gelingen sollte, unbedingte Gewißheit über eine so schwierige Frage zu erreichen, so bitte ich auf der anderen Seite doch ruhig zu erwägen, welche Gründe denn eigentlich für die bisher gewöhnliche Anschauung vorhanden sind, und ob nicht schlimmsten Falles Hypothese gegen Hypothese in die Schranken treten würde. Man hatte die Quelle des mächtigen, über eine halbe Welt ergossenen Völkerstromes zuerst an der fernsten südöstlichen Grenze gesucht; und ist sodann, von gewichtigen Gründen gedrängt, nur so weit als unumgänglich nöthig zurückgegangen. Aber da ein Vorzugsrecht irgend eines Punktes der Erde vor den anderen in dieser Hinsicht nicht existirt, so ist auch ein Compromiß durchaus in nichts besser als eine ganz entgegengesetzte Ansicht. Einstweilen ist, von den beiden gegenüberstehenden Hypothesen, nur die eine mit Gründen unterstützt; für die Wanderung von Osten ist nie ein Beweis vorgebracht worden. Wer daher Hypothesen scheut, muß mindestens gerecht sein, und sich bescheiden über die vorliegende Frage nichts zu wissen. Will er aber einer Hypothese den Vorzug geben, so glaube ich, wird er es derjenigen thun müssen, die die verhältnißmäßig am Besten begründete ist, selbst wenn zur wirklichen Entscheidung die Gründe nicht genügen sollten.

www.ingramcontent.com/pod-product-compliance
Lightning Source LLC
Chambersburg PA
CBHW030319170426
43202CB00009B/1067